Collection contre><mesure / DésIris éditeur © 2022
www.desiris.com
www.adverbum.fr

ISBN 978-2-36403-210-1

ALIOCHA WALD LASOWSKI

SERIAL VIRUS

REGARDS D'UN PHILOSOPHE SUR LA CRISE

CONTRE MESURE

« L'ignorance des complexités de la société contemporaine provoque un état d'incertitude et d'anxiété générales, qui constituent le terrain idéal pour le type moderne de mouvement de masse réactionnaire. »

Theodor W. Adorno
The Authoritarian personality, 1950

« Les maladies de l'homme ne sont pas seulement des limitations de son pouvoir physique, ce sont des drames de son histoire. »

Georges Canguilhem
Écrits sur la médecine, 1989

Avant-propos

LES TEMPOS DU RYTHMOVIRUS

Ce qui m'interpelle depuis le début de la pandémie, commencée en janvier 2020, c'est la rythmicité, la sérialité du virus. Alors qu'il existe des tueurs en série, et aussi des séries sur les tueurs, nous avons affaire ici à un virus en série, qui fonctionne selon plusieurs tempos. Je nomme *rythmovirus* le Covid-19, qui frappe et déjoue les formes de la périodicité ordinaire et de la répétition logique. Observer la place du virus dans notre société, c'est se rendre compte qu'il revient par vague et non par cycle, c'est remarquer qu'il surgit par rythme et non par boucle.

Dès le départ, le coronavirus échappe aux barrières (géographiques et sociales, politiques et culturelles, médicales et sanitaires) mises en place pour l'arrêter. Le virus saute par-dessus les frontières, se joue des confinements, défie toute distanciation, demande plusieurs doses de vaccin, rapidement inutiles face aux variants. L'expansion du Covid-19, à travers un pays, une région ou le monde, contourne chaque tentative de le stopper : son rythme, déstructuré et désaccordé, empêche de le saisir. Aussitôt un cluster identifié et cerclé, le virus est déjà loin, et passe à autre chose.

Pourquoi le virus semble revenir puis disparaître, s'éloigner puis faire son retour, à quelques semaines d'intervalle seulement ? Le constat est simple : le virus impose son rythme à la vie politique du pays.

En 2022, deux ans après l'apparition du coronavirus dans nos vies, l'heure est au bilan : à la cinquième vague causée par le variant Delta, ou « double-mutant », s'ajoute la sixième vague provoquée par l'arrivée du variant Omicron, dont la vitesse de propagation est particulièrement rapide. Face à la contagion, la campagne de la troisième (France) ou quatrième (Israël) dose de rappel bat son plein. Avec plus d'un milliard de doses livrées, l'Union européenne autorise désormais cinq vaccins : les américains Novavax, Pfizer-BioNTech, Moderna, Janssen et l'anglo-suédois AstraZeneca.

Comme le jeu du boomerang ou du yoyo, ou comme la bobine de fil tirée par le jeune Ernst, dans la théorie freudienne du « fort/da » (le mouvement ludique aux yeux de l'enfant consiste à faire s'éloigner la bobine lorsqu'il la lance et à la faire ressurgir lorsqu'il tire sur le fil), l'État lâche du lest, puis siffle à nouveau la reprise des contraintes et des restrictions, suivant alors en parallèle l'évolution *up and down* de la pandémie en Europe et particulièrement en France. Le rythme des interventions du chef de l'État correspond au rythme des reprises de la pandémie. Le retour d'une conférence télévisée accompagne le retour de l'aggravation de la pandémie. Un rythme singulier, qu'il est permis d'analyser : par exemple, le 12 juillet 2021, Emmanuel Macron intervient devant les Français pour annoncer l'extension du passe sanitaire ; quelques mois plus tard, le 9 novembre 2021, il revient depuis le Palais de l'Élysée, pour annoncer des mesures complémentaires, face à la reprise de l'épidémie et suite à un Conseil de défense sanitaire : l'administration d'une troisième dose de vaccin pour les personnes fragiles (rappel vaccinal et accélération de la campagne de vaccination). Le 15 décembre, le président de la République française est de retour sur les écrans de télévision, suivi, deux jours plus tard, pour une allocution de son premier ministre, Jean Castex.

Le 4 novembre 2021, l'Allemagne enregistre un nombre record de nouvelles infections au coronavirus, avec 34 000 cas supplémentaires en 24 h, selon l'institut de veille sanitaire Robert Koch. Le précédent record, un an auparavant, en novembre 2020, était de 33 000 nouvelles contaminations. Entre ces deux dates, des chutes et des diminutions, des pics parfois, jamais aussi élevés. Comment expliquer cette étrange sérialité, cette hausse identique, à un an d'intervalle, alors que le contexte sanitaire a changé, entre 2020 et 2021 ? Pour seule réponse, le ministre de la Santé, Jens Spahn, se dit « très préoccupé ». Son successeur, Karl Lauterbach, beaucoup plus direct, envisage une stratégie de vaccination obligatoire dans toute l'Allemagne.

Virulence des mutations, lenteur des vaccinations, dé-confinements compliqués… le serial virus nous *dérythme* de nous-mêmes, il impose ses cadences propres aux populations. Nos tempos habituels en sont profondément perturbés. En novembre 2021, par exemple, la France est frappée par un rebond épidémique du coronavirus et une hausse des admissions à l'hôpital. Pour la seule journée du 3 novembre 2021, 10 000 nouveaux cas de personnes malades du Covid-19 sont détectés par les services hospitaliers français sur 24 h. La cinquième vague est là, en Europe, alors qu'à la même période aux États-Unis, pour les fêtes d'Halloween, l'Agence américaine du médicament (FDA) annonce le début des vaccinations des enfants âgés de cinq à onze ans, ce qui représente vingt-huit millions de jeunes.

En février 2021, alors que les uns accélèrent le calendrier vaccinal dans leur pays, comme le Royaume-Uni, d'autres à l'inverse se montrent prudents, c'est le cas du Japon. D'un côté, massification rapide des doses outre-Manche, avec 12 millions de vaccination contre le coronavirus en un mois, 500 000 injections par jour, selon le souhait de Boris Johnson, qui accentue la cadence et fait de son pays le troisième plus vacciné rapidement au monde, derrière Israël et les Émirats arabes unis. A contrario, le Japon démarre tardivement, le 20 février 2021, une lente et première étape de vaccination, pour protéger d'abord 40 000 *caregivers* (personnel soignant), avec en vue la tenue des Jeux olympiques de Tokyo à l'été 2021, très perturbés par la pandémie. « Nous ne connaissons pas tous les risques des vaccins », assure Taro Kono, ministre de la Santé, pour justifier ce rythme lent. Retard ou prudence de l'archipel japonais ? Anticipation et campagne menée tambour battant pour l'archipel britannique ? Le virus, lui, est déjà loin. Pendant que les gouvernements palabrent, il mute et circule sous d'autres souches…

Tel est l'enjeu philosophique qui nous préoccupe : la dissémination virale contre la logique médicale ; les polyrythmes du coronavirus contre la coordination du système de santé public ; le corps incertain contre la raison sûre d'elle-même. Nietzsche contre Platon.

Aujourd'hui, la guerre sanitaire mondiale a lieu contre un adversaire aux flux inattendus et imprévisibles. Les erreurs politiques et les anticipations maladroites sont nombreuses, pendant cette pandémie. « Gare à une nouvelle ligne Maginot, Monsieur Véran ! » : signal d'alarme adressé au ministre de la Santé, qui a du mal à comprendre les dommages collatéraux. Que répondre, face à la démission de 1 300 étudiantes et étudiants en médecine entre 2019 et 2021 ? Que dire, face au personnel soignant en grève contre l'obligation vaccinale ? Le virus possède l'allure d'une marche cadencée. Son eurythmie, incertaine et discontinue, se joue de toutes les fortifications. Face à l'insaisissabilité du virus, le personnel politique a-t-il abandonné le combat ? Le 26 mars 2021, le journal *Le Monde* écrit dans son éditorial : « L'exécutif accepte depuis des mois de laisser circuler le virus. » Dénoncer la capitulation invite aussi à comprendre pourquoi l'ennemi viral est si redoutable.

Telle est la thèse de ce livre : l'épidémie a sa propre sérialité.

Le Covid-19 échappe d'abord au niveau local, qui tente de le stopper. Il déjoue le gouvernement chinois, pourtant capable de réactivité radicale en verrouillant une ville en quelques heures. Le *rythmovirus* franchit ensuite toutes les barrières. Il revient avec la force d'une lame de fond, et pousse avec la puissance d'un bélier d'assaut, assyrien, normand ou étrusque. Le mouvement de balancier du Covid-19 est redoutable. Première vague, deuxième vague, troisième vague... au moins jusqu'à la dixième mutation. Plusieurs phases successives de contamination, suivies aussitôt de mesures politiques strictes pour se défendre. En vain : mises en quarantaine, isolements, blocage des transports, contrôle des frontières, confinements complets ou partiels, couvre-feu quotidien, gestes épidémiologiques, passeports vaccinaux et passes sanitaires, campagnes de vaccination, mises à l'arrêt des activités sociales, culturelles, économiques. Rien ne semble efficace pour arrêter la pandémie. Pourquoi le virus échappe-t-il à notre contrôle ?

Stop & go, va-et-vient, haut et bas, montée et descente, la pluralité rythmique du virus explique son insaisissabilité. L'anguille-covid file entre les doigts sanitaires : rebonds, écarts, souches, clusters, variants, mutations, accélérations génétiques du virus, retour de pics de pandémie après des décrues espérées. À peine un protocole mis en place, il est déjà dépassé. La vitesse, doublée d'une capacité de mutation fluctuante, en fait un ennemi à plusieurs visages, jamais identique à lui-même.

La partie d'échecs biopolitique s'avère redoutable, chaque coup avancé est déjoué par le Covid-19. Sa périodicité nous est inconnue, trop éloignée de celles que nous savons déjà maîtriser. Il percute, déjoue, anticipe, déroute, épuise les corps et les esprits. Si « l'homme est un animal malade », selon Nietzsche, le virus, lui, a une santé tenace.

L'explication que j'avance ici est la suivante : le virus auquel nous avons à faire face possède plusieurs rythmes en un. Il est *polyfluement*. Virus à plusieurs degrés, multi-tempos, à latitude variable, le Covid-19 possède une périodicité irrégulière. Impossible d'anticiper son retour, il est imprévisible.

Cet essai philosophique se propose de penser cette figure *chaosrythmique*, qui mue sans se ressembler à l'identique. Le virus déploie ses rythmes, qui ne se répètent jamais de la même façon. Alors que le monde se modifie en même temps qu'il affronte le Covid-19 – le grand gagnant du choc pandémique mondial est le capitalisme, car le Dow Jones a gagné 21 % pendant la crise, et ses avatars numériques, Amazon, Apple ou Netflix, qui s'enrichissent considérablement, grâce au télétravail, à la dématérialisation et à la perte des liens sociaux et humains classiques –, ce que nous apprend ce virus, c'est que la périodicité de l'identique n'est pas la répétition du même. Les rythmes pandémiques sont de l'ordre du flux. Comprendre le fonctionnement *multirythmique* et le *fluement* viral est la seule condition pour l'arrêter.

Introduction

JAMAIS NOUS N'AVONS ÉTÉ PLUS LIBRES

L'épuisement du docteur Gachet

Au début du mois de mai 2020, des scientifiques japonais réalisent une expérience pour constater au détecteur ultraviolet la vitesse de facilité de propagation du coronavirus. Lors d'un buffet organisé, réunissant plusieurs convives, si une personne infectée éternue dans sa main, sans la laver ensuite aussitôt, le résultat est sidérant : couverts, serviettes, assiettes et visages des participants, toute la salle est très vite infectée.

Cette accélération illimitée du Covid-19 soumet à rude épreuve les nerfs des soignants pendant la pandémie. L'image du personnel médical est alors celle de combattants de première ligne, en lutte avec une pandémie d'une rare violence. Femmes et hommes, infirmiers et brancardiers, médecins généralistes, spécialistes ou urgentistes, professionnels des Ehpad et aides-soignants, pompiers et militaires, réservistes de la santé, étudiants en médecine, techniciens de laboratoire et spécialistes de radiologie, épidémiologistes, scientifiques et chercheurs. Tous ensemble, ils étaient des milliers en France, des centaines de milliers dans le monde, à supporter le poids écrasant de la crise du covid comme un choc sans précédent.

Frappés par la soudaineté ; mobilisés sans interruption par le rythmovirus infernal à répétition, ils sont abasourdis, sonnés devant le chaos. Face aux urgences quotidiennes, les personnels de santé, privés ou publics, sont exténués par l'épuisement, l'effort et l'investissement. Comment imaginer leur état critique, Sisyphe modernes pris dans une cadence sans fin ?

Mois après mois, le rythme infernal de l'épidémie impose un tempo ininterrompu : accueillir et accompagner les malades, soigner et guérir les victimes du Covid-19, prendre un instant de repos, pause de courte durée, puis revenir sans délai affronter l'épidémie. Les difficultés sont innombrables :

faire face aux sous-effectifs catastrophiques, à la pénurie des lits et au manque de moyens financiers, aux difficultés logistiques et humaines quotidiennes rencontrées. Le coronavirus fait de nombreuses victimes : 5,5 millions de personnes sont mortes du Covid dans le monde, comptabilisées en décembre 2021 depuis le début de la pandémie. Cent-vingt-deux-mille personnes en France sur la même période. Comment alors réagir, devant la douleur des malades, le désarroi des familles, l'isolement des personnes âgées, la détresse des étudiants isolés ou en situation précaire ?

Au front, en première ligne du combat contre la pandémie, ces héroïnes et héros du quotidien affrontent un rythme de travail aux lourdes répercussions psychologiques. L'effort mental se lit sur leur visage, au moment notamment du répit pendant l'affrontement, à la sortie du premier confinement, le 11 mai 2020. Ils sortent un instant de l'enfer ; on les voit épuisés, hagards ; encore sous le choc et fiers aussi d'avoir tant donné pour sauver leur pays. Ils traversent un long cauchemar, une longue nuit sans fin.

Avez-vous remarqué qu'ils ont les mêmes traits, décomposés et vidés, que ceux du docteur Paul Gachet, dans le portait que fait de lui Vincent Van Gogh en 1890 ?

Sur le tableau, sous le pinceau de l'artiste, le docteur Gachet est assis à une table. Sa tête, lourde, s'appuie sur son bras droit. Il ne sourit pas. Le regard du psychiatre homéopathe est vide, sombre et triste. On ne sait pas exactement ce qu'il ressent, mais une chose est certaine : les affects sont là, l'angoisse ronge le personnage pictural. La perte et la souffrance se lisent sur son visage, intériorisées et vécues dans son âme. D'autres signes se devinent sur la toile, dont l'une des deux versions a mystérieusement disparu, l'autre se trouvant toujours au musée d'Orsay : la table rouge, les livres jaunes et, dans une des mains du médecin, la branche de fleur pourpre. On l'appelle la digitale, c'est une plante médicinale reconnue pour ses vertus cardiotoniques.

Selon l'un des biographes du peintre, Victor Doiteau, lui-même médecin, Van Gogh souhaitait placer dans cette œuvre picturale la fleur de digitale en tant que « symbole de la profession de son modèle ». Cette peinture, l'une des plus chères de l'œuvre de l'artiste, vendue 82,5 millions de dollars, explore un thème universel : le tourment de l'existence individuelle, la solitude du médecin, l'angoisse du retrait des forces vitales. Le médecin Gachet, en proie au doute, est le témoin de l'anxiété du monde, la nôtre, celle du peintre, celle du spectateur, de tout un chacun. Que va devenir notre monde, si celui dont on attend le secours a lui-même besoin d'aide ?

En proie au covid, notre monde se confronte à l'inquiétude et à l'effroi : unités de réanimation débordées, structures d'accueil engorgées dans les hôpitaux, détresse psychique et tragédie humaine. La société est prise en étau, entre, d'un côté, l'épidémie fulgurante (un embrasement illimité), de l'autre, la société figée (un monde stoppé). Le ralenti vs la vitesse. L'arrêt contre la fulgurance : d'un côté, accélération des variants émergents du SARS-CoV-2 ; de l'autre, plusieurs confinements successifs, villes sous quarantaine et plongées dans le silence ou en état hypnotique. D'une part, la mutation menaçante, qui ne cesse de se déployer, d'autre part, le doute sur l'action à mener – écoles fermées, entreprises bloquées, transports stoppés, services de l'État débordés, lieux culturels fantômes, interrogation sur l'efficacité des vaccins. En un mot, la crise mondiale du Covid-19 a surpris l'humanité par sa rapidité et sa globalité, et a figé les êtres et leurs mouvements dans une existence spectrale.

Les cinquante-cinq jours de Wuhan

Entre le 16 mars et le 11 mai 2020, la France vit cinquante-cinq jours de confinement. Cinquante-cinq jours d'épreuves et de sidération, de doutes et de questionnements.

Il s'agit de la même durée que les cinquante-cinq jours du siège des concessions occidentales par les troupes de la Cour impériale chinoise, entre juillet et août 1900. À la sortie de ce conflit au début du XXe siècle, que l'histoire retient sous le nom de *guerre des Boxers* ou *révolte des Boxers*, renvoyant à la société secrète symbolisée par un poing fermé et qui prit part au conflit, la Chine est finalement vaincue par l'arrivée d'Occidentaux. Le corps expéditionnaire allemand du général von Waldersee renverse le rapport de forces, comme l'illustre le célèbre film avec Ava Gardner, Charlton Heston et David Niven. Aucune coïncidence, bien sûr, avec l'arrivée des experts occidentaux de l'OMS au marché chinois Huanan de Wuhan, le 31 janvier 2021, pour enquêter sur le premier foyer connu de l'épidémie.

Au cours de son histoire, le pouvoir chinois a souvent l'occasion d'affirmer sa puissance, sa suprématie, pour surmonter les difficultés économiques ou diplomatiques. C'est ainsi qu'en plein cœur de la pandémie, en grande pompe, le régime communiste organise la réunion annuelle du Congrès national du peuple : le 22 mai 2020, Pékin invite 5 000 représentants du Parti communiste. Ce meeting affiche haut et fort sa victoire sur le virus, permettant à 1,4 milliard d'habitants en Chine de pousser un apparent soupir de soulagement.

Après la visite du président Xi Jinping dans l'épicentre de la pandémie, à Wuhan le 10 mars 2020, c'est la satisfaction politique du « triomphe d'une guerre patriotique contre le démon du virus » et l'annonce « d'un retour à la vie normale », peut-on lire alors sur Weibo, le Twitter chinois, ou dans la dépêche de l'agence officielle Xinhua. La Chine l'a bien compris : une stratégie sanitaire passe d'abord par une stratégie de communication. Règle essentielle du *soft power*. Il sera peut-être difficile de savoir avant longtemps ce qu'il s'est réellement passé à Wuhan, et ce qui a déclenché le virus lui-même.

Malgré les difficultés d'accéder à la vérité historique et à l'information, Zhang Zhan, avocate et lanceuse d'alerte chinoise, a multiplié les reportages sur la pandémie. Ses vidéos montrent le désarroi des malades et l'état de délabrement des hôpitaux. Rapidement, ses reportages sont censurés et retirés des réseaux d'information par le pouvoir politique. De son côté, Pékin a envoyé trois-cents journalistes officiels à Wuhan, ville de 11 millions d'habitants, pour alimenter la propagande du pays. Seule une poignée de journalistes citoyens tente alors de combattre la version officielle. Ces journalistes sont aujourd'hui emprisonnés et condamnés par Pékin. Arrêtée en mai 2020, condamnée lors d'un pseudo-procès par un tribunal de Shanghai, la militante pour la démocratie Zhang Zhan est le symbole de la liberté d'expression, face au régime totalitaire chinois, qui réduit au silence ses opposants. Ayant commencé une grève de la faim, Zhang Zhan risque de mourir en prison.

Pourtant, malgré les doutes accablants qui persistent, l'hebdomadaire britannique *The Economist* titre « *Is China winning ?* », dès avril 2020. Car la guerre face au virus est affaire de démonstration et de persuasion sur les réseaux sociaux, autant qu'une politique de soins pour la population.

Alors que le peuple chinois est fortement frappé, initialement, par le virus affectant les voies respiratoires humaines, le régime politique de Pékin, lui, réussit à opérer un véritable tour de force sur l'échiquier mondial, par une nouvelle démonstration de son efficacité et de son influence. Prenant le leadership sur les affaires internationales, la diplomatie chinoise multiplie l'assistance médicale et envoie des millions de masques et de kits de dépistage dans plus de cent pays dans le monde, dont un nombre important d'États en Afrique. La Chine vient aussi en aide à plusieurs pays d'Europe, comme l'Espagne et l'Italie. « Les médias officiels chinois submergent internet de photos montrant cette livraison », précise *The Washington Post*, tandis qu'une porte-parole du ministère chinois des Affaires étrangères, Hua Chunying, confirme : « Nous aimerions partager les pratiques exemplaires de la Chine avec d'autres pays. »

Alors que l'épidémie sanitaire ravage le monde, le basculement géopolitique est en marche. Les intérêts stratégiques prennent vite le pas sur les enjeux médicaux.

Penser l'événement

Les crises suscitent toujours la sidération. Elles bouleversent l'ordinaire et le quotidien, remettent en cause nos habitudes et nos comportements. L'anéantissement causé par une crise crée de la confusion et du chaos, tant son mouvement et ses répercussions échappent à notre emprise et à notre contrôle. Crise financière, crise sociale, crise politique, crise économique, crise numérique, crise étatique, crise culturelle, crise alimentaire, crise militaire, crise ferroviaire ou crise écologique : comment faire face et ne pas céder à la panique ou au désordre ?

Lorsque se manifeste l'imprévisible, surgissent parfois des attitudes contradictoires de la part des êtres humains, dans leur réaction face aux transformations inattendues et devant le désordre soudain. Vécues comme aléatoires et ressenties comme incertaines, aux yeux de la majorité des citoyens, les crises dérogent à la logique explicatrice autant qu'à la prise rationnelle de décision. Elles révèlent leur violence après coup, lorsqu'il est souvent trop tard et désormais impossible de faire marche arrière pour les empêcher.

Parmi les réactions gouvernementales tragiques face au Covid-19, la politique de surveillance interroge et inquiète : en Australie, des bracelets électroniques sont imposés aux personnes potentiellement infectées par le coronavirus, afin de pouvoir facilement les retrouver et les placer à l'isolement. Cette attitude policière de méfiance, voire d'emprisonnement, est un véritable danger pour la société et les citoyens. Une psychologie de contrôle s'immisce au cœur de la démocratie. Le Covid-19 révèle ou déclenche une fragilisation de la liberté citoyenne, comme le montre ici l'exemple australien.

En Chine, les livreurs autorisés à circuler sont systématiquement géo-localisés, sur le smartphone des destinataires des livraisons. Leur température corporelle est également indiquée selon un code de couleurs, pour évaluer le risque de contagiosité, à l'approche des clients dans les zones résidentielles. En Pologne, les citoyens atteints de fièvre doivent régulièrement envoyer des autoportraits numériques à la police, avec une application sur téléphone portable, afin de s'identifier pour être contrôlés.

Tout au long de l'année 2020, parallèlement à la propagation de l'épidémie, les risques de contagion et d'infection ont fait augmenter les applications de traçage (*backtracking*), pour repérer les chaînes de contamination, et accélérer l'installation de l'état d'urgence. Une « crise » sociétale accompagne l'événement viral, et une folie sécuritaire prolonge la crise sanitaire.

D'origine médicale, la notion de « crise » évoque un changement brutal survenu pendant une maladie, annoncé par certains symptômes. C'est lors de cette perturbation que va se décider l'issue, maladie ou guérison, voire la vie du patient. Il faut également, de manière générale, distinguer les « petites crises », locales et déterminables, où la variable de réajustement est maîtrisable, en vue d'un retour à la normale, des « grandes crises », dont l'expansion dépasse toute borne et toute mesure, et qui exige d'inventer de nouvelles formes d'organisation et de rapports sociaux, voire de penser d'autres modes de construction de l'espace collectif et du temps humain. Tel fut le cas des bouleversements mondiaux, économiques, sociaux et politiques, comme le krach de 1929. Tel est aussi le cas de l'épidémie mondiale démarrée au premier trimestre 2020.

Au-delà du choc et de la violence, l'intensité d'une crise peut être éclairante sur ce que nous sommes, l'identité de nos vies, la société dans laquelle nous habitons, ou encore le choix de notre mode de vie, de consommation ou de relation. Il se peut aussi que nous puissions en tirer des leçons, afin de mieux préparer l'avenir et d'espérer vivre autrement, pour préserver le corps, la santé et la vie. Chaque épisode environnemental éveille l'urgence écologique et conduit à s'interroger sur les limites de la société consumériste qui est la nôtre. Lorsqu'en novembre 2021, à la conférence de Glasgow sur le changement climatique, pendant son discours, Alak Sharma, président de la COP26, annonce « Tous les signaux sont au rouge », alors chaque citoyen reçoit cet appel comme une remise en question des consommations occidentales ordinaires.

Entre corps et cerveau

Nous vivons à l'âge de la pharmacodynamie industrielle, de la puissance des laboratoires de biologie, du traitement électronique permanent et de l'information diagnostique continue. Dans ce contexte, la nature physique – qui renvoie à l'ensemble des organismes et des êtres vivants sur la planète – est soudainement et paradoxalement apparue comme fragile et précaire. La fragilité de notre globe terrestre est une réalité des plus préoccupantes.

Un virus, à l'heure des technologies les plus performantes, semble d'abord être le nom d'une cyber-attaque ou d'une alerte lancée par un hacker. Qui se souvient en effet, parmi la génération Z (enfants nés entre 1997 et 2010) ou parmi la génération alpha (enfants nés entre 2010 et 2020), qu'un virus n'est pas forcément lié uniquement à une tablette ou un ordinateur ? Sortie de la nuit des temps, la maladie du corps humain fait un surprenant retour, à l'échelle d'une épidémie ou pandémie. Le Covid-19 nous rappelle que la dimension physique ou biologique de l'existence n'a pas entièrement disparu du monde, devant l'ordre technologique ou le système algorithmique. Dans l'univers dématérialisé de la numérisation, nous ne sommes pas seulement un cerveau fixé sur un écran, mais aussi un corps exposé à la contagion.

La pandémie révèle aussi que le *rythmovirus* fonctionne par bonds et rebonds, variants et variations, mutations et mutabilité. La faculté virale d'avancer par différence et répétition laisse la stratégie sanitaire et épidémique sur le sol, au tapis, chaos. Et la campagne vaccinale française, qui permet aux médecins généralistes de commencer à vacciner les 50-64 ans à partir du 25 février 2021, n'a pas la rapidité nécessaire pour prendre le virus de vitesse. De nombreux ralentissements se font jour. Les événements de l'actualité illustrent la lenteur et l'incapacité à anticiper de nouvelles mutations : malgré le feu vert du Haut Conseil de la santé publique, le vaccin du laboratoire AstraZeneca apparaît à la fois peu efficace face au variant sud-africain, moins puissant que ses concurrents de Pfizer-BioNTech et de Moderna, et dangereux à cause de ses effets secondaires grippaux. Des conditions difficiles alors que les seuils d'alerte épidémique sont régulièrement dépassés.

« Nous devons prendre des décisions sur la base d'informations incomplètes et contradictoires » : tels sont les mots d'aveu d'incompétence prononcés par le premier ministre français devant l'Assemblée nationale, le 4 mai 2020. Au final, après deux ans de vie partagée avec le Covid-19, cette formule politique semble parfaitement qualifier ou désigner la méthode de stratégie sanitaire.

Quelques mois plus tard, à partir du 3 novembre 2020, les Académies françaises de sciences et de médecine alertent l'État sur l'absence de surveillance des virus mutants circulant dans l'Hexagone. Après de nombreuses situations inquiétantes, en particulier dans les grandes villes du littoral français, l'émergence et la circulation des variants conduisent le Centre national de référence (CNR), spécialiste dans le séquençage des virus, à tirer la sonnette d'urgence auprès des ministères et des autorités sanitaires. En vain, lenteur et manque de réactivité des pouvoirs publics se poursuivent : deux mois plus tard, 7 janvier 2021, le chef de l'État réfléchit à la possibilité de création d'une mise en réseau des recherches sur le génome, en lien avec la hausse de transmissibilité du variant B.1.1.7 et ses quatorze mutations identifiées en Grande-Bretagne. Le temps joue contre nous. La lenteur politique et les limites hiérarchiques aussi.

Réfléchir aux mesures efficaces face au virus relève d'un pari politique au sens pascalien : l'incertitude et le courage se mêlent au sens du risque et de la mesure. Sauver des vies, imposer le respect des contraintes et des restrictions ne signifie pas toujours satisfaire l'opinion publique. L'un des enjeux de la crise sanitaire de grande ampleur que nous traversons relève de l'expérience éthique autant que politique, dans la mesure où l'incertain et le doute accompagnent chaque décision prise et étape traversée en vue de construire et d'anticiper le monde de l'après-covid. L'individu tout entier, ainsi que toute la vie sociale du monde – travail et éducation, loisir et économie, alimentation et culture... – est investi d'une question essentielle, question qui se trouve au fondement freudien de la culture. Rappelons-nous la formule du père de la psychanalyse : il s'agit là du « combat de l'espèce humaine pour la vie ».

Réinventer la Relation

Sur le terrain éthique et social, le virus épidémiologique et bactériologique conduit à une crise sanitaire et politique, qui est d'abord une crise de l'humain. De l'isolement confiné à la barrière de distanciation, depuis les conflits ou tensions entre les vaccinés de plusieurs doses d'un côté et les vaccinosceptiques ou antivax de l'autre, jusqu'au débat sur le redémarrage ou non d'une cinquième vague à l'automne 2021, le lien est un geste à réinventer. Le *serial virus* impose cadence et tempo aux relations humaines, bloquées, réduites à des contacts contrariés et à distance. Comment penser la politique des liens humains en temps de pandémie ?

Quatre axes sont mobilisables, dans une approche complémentaire de la relation interhumaine en temps de crise : *philosophie*, *éthique*, *sociologie* et *anthropologie*.

Tout d'abord, la *philosophie* de la relation, mise en avant par le poète et philosophe Édouard Glissant (1928-2011). Au cœur de son œuvre poétique ou romanesque, les connexions archipéliques entre individus, pays ou cultures, engagent un processus de créolisation, une mosaïque de contacts mêlés et articulés. Ensuite, l'*éthique* de la relation, développée par la juriste Martha Nussbaum. À travers cette notion, elle y esquisse l'idée anglo-saxonne de *capability*, qui refonde un espace de contacts ouverts au pluralisme et à la différence, par la possibilité humaine de « capabilités ». Puis, la *sociologie* de la relation, abordée par le penseur de la nouvelle école critique allemande, Hartmut Rosa. Cette idée repose sur l'expérience de *Resonanz*. La résonance réinvestit l'espace social par l'intersubjectivité des acteurs et la rencontre des sujets politiques. Enfin, l'*anthropologie* de la relation, déployée au cœur de mondes divergents, éclatés, et analysée par le penseur écologiste et agronome Arturo Escobar. Ce concept invite à aborder notre planète à partir des projections de « plurivers », cohabitation processuelle de cosmovisions.

Philosophie, éthique, sociologie et anthropologie de la *relation*, ces quatre perspectives invitent à comprendre ce que *re-lier* veut dire. Elles peuvent également éclairer le sentiment de finitude ressenti par l'être humain, dont la vision du monde est profondément affectée par l'actuelle pandémie.

Le mondialisme viral n'épargne personne : le Covid-19 amène également d'autres détresses, plus terribles les unes que les autres. Les dégâts humains sont catastrophiques : épidémie de violence, épidémie de misère, épidémie de solitude.

D'un côté, des dizaines de milliers de travailleurs à travers le monde, privés de métier et de revenus, sont jetés à la rue. À cause des arrêts provoqués par la fin des échanges commerciaux entre pays, une importante population survit grâce à la distribution d'aide alimentaire. À Bangkok, par exemple, quartiers pauvres et quartiers ordinaires sont dans la même situation. Des files de personnes portant des masques attendent péniblement pour obtenir un sachet de riz, un carton de lait ou une bouteille d'eau, dans un pays où les Thaïlandais ne sont pas habitués à la mendicité. En Occident, une détresse psychologique et humaine nouvelle apparaît : la solitude imposée par les confinements est une souffrance mal vécue par la jeunesse étudiante, soumise aux rythmes distanciels d'un apprentissage par écran, sans lien social ou contact amical. L'éducation à distance, relayée uniquement par tablette ou ordinateur, rappelle l'importance essentielle d'une vie culturelle et intellectuelle sur un campus universitaire. Cette absence de vie sociale fait de la jeunesse une génération sacrifiée et angoissée. Même chose pour les plus jeunes, puisque l'école à distance renforce les inégalités devant le numérique et devant l'autonomie d'apprentissage.

Au collège et au lycée, certains élèves sont déboussolés. Ils ne réussissent pas à s'accrocher à l'injonction de continuité pédagogique par ordinateur. Avec les contraintes-barrières et les impératifs de distance, rester chez soi revient à vivre hors de soi, à décrocher de la vie réelle pour vivre dans un espace illusoire, un non-lieu, qui est aussi un hors-temps. Si, en temps normal, les contraintes de déplacement ne sont pas toujours faciles, elles ont pour mérite de produire du lien et de l'échange. Vivre-ensemble n'a pas de prix.

Nos temporalités et nos spatialités sont bousculées. L'imprévisible frappe, non pas dans des espaces et des temps successifs, séparés, comme au temps des fléaux du passé, lorsque le ravage de la peste ou du choléra était stoppé au pied des hauts murs des cités, ou mis en quarantaine dans les navires marchands. Non pas dans l'après-coup, comme le virus Ébola, frappant le Congo en 1976, la Guinée en 2013, avec des intervalles éloignés et des déploiements ponctuels, entre Afrique, Europe, Asie ou Amérique. Aujourd'hui, il s'agit d'un embrasement total et collectif, sur tous les continents et simultanément. Dans toutes les sphères de la vie, de l'intime au global, du privé au social, la propagation de l'épidémie sidère par sa vitesse et son intensité. Le *Coronavirus disease 19* se déplace partout ; le freiner est un défi. Rien, ou presque, ne semble le stopper.

Invisible, le virus se transmet par voie aérienne et se diffuse par flux d'air ventilé. Il provoque des troubles divers sur l'individu, de l'inflammation respiratoire aux troubles cardiovasculaires, de l'agueusie (perte du goût) à l'anosmie (perte de l'odorat), des douleurs dans la cage thoracique à des lésions cutanées ou des engelures sur les orteils. Alors qu'en février 2020, au tout début de son apparition, le Covid-19 se présente comme une forme de grippe atypique, au fil des semaines et des recherches médicales, les symptômes apparaissent plus nombreux, déclenchant des chocs cytokiniques, ou inflammation du système immunitaire. Tête, poumons, reins… peu d'organes du corps humain sont épargnés par la maladie. La détresse humaine est particulièrement touchée, dans toutes les parties du corps.

Le coronavirus se répand par projection de postillons : pour infecter quelqu'un, le Covid-19 se transmet par contact avec les muqueuses, lèvre, langue, nez, yeux. Il y a deux manières d'être contaminé : soit par projection directe des agents pathogènes (toux, éternuement), soit par transfert de la main (toucher une surface contaminée, puis se toucher le visage).

Face au virus immaîtrisable, les gouvernements de la planète décident d'appliquer le confinement national ou local : le mouvement humain se fige pour protéger la population. Issue du marché de Wuhan, la maladie locale se mondialise alors que le monde s'arrête de tourner, chacun enfermé dans son lieu. Chacun, dans sa différence spécifique et irréductible, se sent soudain concerné non seulement par ce qui le touche immédiatement, son entourage direct, mais aussi par le lointain ou l'inconnu auquel il est relié. Le coronavirus frappe le monde dans son entièreté. Le virus concerne les autres et nous, l'universel et le singulier.

Le risque sanitaire nous conduit à de nouvelles problématiques, parce que les réalités sont nouvelles. Tel sera peut-être le monde d'après : les nouveaux liens numériques remplacent les contacts sociaux traditionnels, avec le boom du télétravail ; les tensions locales s'amplifient dans une urgence, une impatience décuplées ; les mesures de restriction budgétaire, rigueur voulue ou austérité imposée, laissent place à l'inflation économique et à l'explosion des flots de monnaie, vouées à soutenir une économie nationale moribonde ; les instances internationales, l'ONU et l'UE en tête, s'effacent et laissent place aux acteurs locaux remotivés ; les collectivités territoriales et les associations citoyennes sont mobilisées, pour régler les questions de proximité ; au-delà du port du masque pour tous dans les transports, des situations précises, comme la réouverture des écoles, demandent une approche politique au cas par cas, ville par ville. De nombreux paradoxes se font jour. Par exemple, alors que les circuits courts de distribution sont privilégiés par les populations urbaines dans leur grande majorité, les géants du net reviennent en force : Amazon, Apple, Netflix ou Google continuent d'accroître leur contrôle sur les réseaux et les marchés mondiaux. Ces géants du numérique utilisent l'intelligence artificielle et le *big data*, pour augmenter leur puissance, face aux créations économiques locales.

Le monde s'adapte, pas seulement pour le pire.

Il arrive que la solidarité interrégionale réinvestisse autrement la cartographie du territoire national : le 15 février 2021, des sapeurs-pompiers marseillais viennent en Moselle faire des prélèvements pour détecter les variants sud-africains et brésiliens dans les eaux usagées de la ville de Metz. Pays durement frappé par le Covid-19, le Portugal décide pourtant d'accueillir davantage de réfugiés, comme ceux à bord du navire *Sea-Watch*, bloqué depuis des mois sur les côtes italiennes. À Braga, nord-ouest du pays, une scène inimaginable a lieu : des cuisines solidaires sont montées un peu partout dans la ville, où des migrants volontaires, syriens ou africains, viennent préparer des repas, pour aider les Portugais en quarantaine ou touchés par le virus et le chômage. Oui, le monde change : les migrants viennent en aide aux Portugais et préparent le repas pour le personnel soignant impacté par le virus. En Allemagne, qui souffre d'une pénurie de main-d'œuvre, la fermeture des frontières pour cause de pandémie a des effets négatifs sur l'économie nationale. Alors, pour la récolte annuelle des asperges, le gouvernement berlinois demande des mesures exceptionnelles à l'Union européenne : lever les barrières de confinement et accueillir les ouvriers agricoles venus de Roumanie et de Pologne. Pour sa récolte alimentaire et pour nourrir sa population, l'Allemagne rompt les digues.

De manière générale, les Occidentaux prennent conscience que leur survie dépend des autres, qu'ils doivent compter sur des aides-soignants venus de l'étranger, sur un personnel médical formé parfois dans d'autres pays, ou également sur des équipements technologiques, masques individuels ou appareils respiratoires, fabriqués ailleurs que sur le territoire national. Le confinement par temps de pandémie a fait surgir la nécessité de la liaison et du lien et, en même temps, la prise de conscience de la fragilité de l'attache à préserver, à travers des formes durables ou éphémères d'interdépendance entre les individus.

Les êtres humains, les groupes socio-économiques ou les États-Nations sont capables de produire aussi bien des élans de rapprochement que des mesures d'exclusion. Les attractions humaines ou les solidarités sociales s'accompagnent de leur contraire : repli, rejet ou répulsion. Des ruptures laissent aussi place à des raccordements. Et de nouvelles zones désormais interactives se réinventent chaque jour, comme l'apparition de « communautés de crise », avec le hashtag #Stayhome, isolées mais connectées. Simplement, la mutation des rapports dans la société, entre les peuples et les cultures, ne se fait pas sans exacerbation ou résistance, sans choc ou mise à distance.

Avec la pandémie de Covid-19, beaucoup de questions se posent aux citoyens, soucieux de comprendre l'événement : sommes-nous en partie responsables de ce qui nous arrive ? Savons-nous tirer les leçons de cet épisode passager et éphémère, devenu peu à peu interminable et infernal ? Sommes-nous enfin capables de faire face de façon inventive, créatrice, devant le bouleversement du monde par la pandémie ? Cela pourrait bien être le plus grand défi que l'humanité ait à affronter.

Et, dans un monde traversé par les menaces permanentes de démocratures, d'illibéralismes et de populismes à tout va, la liberté humaine est sans cesse menacée. Parce que le rythme socioculturel n'a pas la même stabilité dans un pays libre que dans un pays verrouillé, la démocratie est parfois prise de vitesse, en plein cœur de la pandémie, devant la violence mise en place rapidement par les dictatures.

Les dictatures profitent de l'épidémie et renforcent encore davantage la violence policière et la répression d'État. En Tchétchénie, la brutalité est décomplexée : l'ordre est donné de frapper les personnes soupçonnées d'être porteuses du virus, ce qui oblige les malades à se cacher et à éviter à tout prix d'appeler un médecin, ou de se rendre à un hôpital, placé sous contrôle militaire. Dès le début du mois d'avril 2020, alors que ce pays du Caucase du Nord ne compte que trois cas d'infection par le coronavirus, le confinement se transforme en répression policière pour toute personne qui ose se promener après 20 h. Les frontières sont brutalement fermées ; les journalistes du seul journal russe d'investigation indépendant, *Novaya Gazeta*, sont menacés et agressés ; la population tchétchène est verrouillée : « S'il le faut, je frappe à coups de matraque, s'il le faut, je jette en prison et dans une cave », écrit le bourreau tchétchène et dictateur sanguinaire du pays, Ramzan Kadyrov, sur son compte Instagram. Le virus le plus dangereux n'est-il pas d'abord la dictature elle-même ?

Organe, organisme, organisation : les pires virus se renforcent toujours les uns les autres.

De quelle rythmicité le coronavirus est-il le nom ?

Désigner un virus comme serial virus signifie deux choses. D'une part, le Covid-19 possède sa propre sérialité, d'autre part, il frappe avec la régularité du tueur en série.

Le coronavirus est un rythmovirus, qui nous a tous surpris par son rythme, sa soudaineté, sa violence, son imprévisibilité. Inattendu et incertain, le virus bondit dans nos vies, comme une saccade, une tornade, une furie. Comme il suit plusieurs tempos, il ne correspond à aucune de nos cadences et de nos allures. Ni sous forme de cycle ni sous forme de boucle, le virus s'infiltre dans nos rythmes individuels – le rapport à soi à travers le corps – et s'inscrit dans nos rythmes collectifs – le principal allié de la propagation du virus est, hélas, le nombre d'interactions sociales – qui, par eux-mêmes, multiplient les risques et provoquent les infections.

Comment aborder les flux rythmiques du virus ? Alors que la maison brûle, notre monde médicalisé déploie une stratégie de défense hygiénique, face à la maladie, pour stopper l'épidémie.

Selon l'épidémiologiste Arnaud Fontanet, professeur à l'Institut Pasteur et spécialiste de maladies infectieuses et tropicales, le constat est sans appel : en seulement dix mois, entre mars et décembre 2020, 18% de la population française aurait été contaminée par le coronavirus. Une vitesse foudroyante, un rythme d'infection impressionnant et rapide. On remarque, à l'inverse, combien est lente et prudente la campagne de vaccination en France, tout au long de l'année 2021. Les barrages anti-Covid se mettent en place avec beaucoup de difficultés.

Dans le duel qui oppose virus et vaccin, le combat semble perdu d'avance ou, du moins, fort déséquilibré : d'un côté, le rythmovirus fonctionne par mutation et variants, relance et rebond. Il joue avec les nerfs des politiques, avec la patience des scientifiques et avec la civilité des citoyens. Son *Stop & Go* bouscule la prévision et l'anticipation, mettant le doute sur les solutions provisoires, comme le télétravail ou les activités en distanciel. Le *serial virus* oblige à une réadaptation sans fin. De l'autre, le vaccin, porté par la lenteur administrative et bureaucratique, et par la défiance de la population, suit des détours et ralentissements, comme le tirage au sort de trente-cinq citoyens, pour constituer un comité chargé de s'interroger sur la stratégie à adopter. Comment comprendre une situation aussi paradoxale ? Le vaccin, censé apporter une sérénité et un apaisement, en vue d'une amélioration de la santé collective, perturbe profondément les rapports humains. Après la promulgation de la loi du 5 août 2021, qui prévoit une obligation de vaccination pour le personnel de santé, ou un licenciement pour non-vaccination, 3 000 soignants des établissements de santé et médico-sociaux ont été suspendus, le 15 septembre 2021.

Avançant par mutabilité et polymorphisme, le virus est un Phoenix qui renaît sans cesse, affaiblissant les esprits, sapant le moral de la population : en janvier 2021, 60% des Français ne veulent pas de l'injection du vaccin. D'où la lenteur française : alors qu'Israël et l'Angleterre dépassent en deux-trois semaines le million de doses injectées à la population, la France traîne les pieds, avec 516 personnes vaccinées sur la même durée. Que fait le pays de Pasteur ? Face à la mise en place d'un passe sanitaire, qui conditionne toute activité professionnelle, sociale ou culturelle, que faire, sinon se faire vacciner ou accepter d'être testé régulièrement, d'abord gratuitement, puis, à partir d'octobre 2021, avec un test payant en pharmacie ? En novembre 2021, environ 50 millions de Français ont reçu une première dose de vaccin anti-Covid, soit 75% de la population nationale. Le retard a-t-il été finalement rattrapé ?

La thématique du retard, de l'attente et de la lenteur s'ajoute à celle de la redite, du retour et de la répétition : une première vague, une deuxième vague, une troisième vague… 800 000 morts aux États-Unis en cinq vagues successives. Le temps humain est fortement soumis au rythme des attaques virales. Les différentes phases imposent leur cadence mortifère. Le lundi 22 février 2021, entouré de cinq-cents bougies, le président des États-Unis, Joe Biden, rend hommage aux victimes du coronavirus. Face aux 30 millions de cas de contamination aux États-Unis, le rythme vaccinal de 1,7 million d'injections par jour donne malgré tout espoir. En octobre 2021, de nombreux infectiologues mondiaux alertent pourtant sur le danger d'un « hiver catastrophique », peut-on lire alors sur Twitter, à cause d'une cinquième vague, malgré une population vaccinée.

D'ordinaire, la vie quotidienne se déploie suivant des périodicités fixes, connues d'avance : l'existence ordinaire suit son rythme journalier, se déploie au rythme des saisons et de l'année qui s'écoule. Avant le virus, nous avions à peine conscience des normes de vie : le temps passe, les jours et semaines avancent, suivant des règles intégrées comme des automatismes, aussi évident que l'alternance des jours et des nuits. Le retour irréversible des habitudes produit la routine de la vie. Dès le plus jeune âge, l'imaginaire quotidien s'habitue rapidement à un rythme normalisé, avec ses périodicités habituelles, comme le temps d'activité et le temps de repos, semaine et week-end, l'alternance des mois de travail et des jours de congés.

Puis, soudain, tout change : le coronavirus à plusieurs tempos bouleverse la vie quotidienne la plus élémentaire. Nos rythmes de vie sont totalement transformés par la pandémie. Les politiques sanitaires mettent soudain le monde à l'arrêt : premier confinement, de mi-mars à mi-mai 2020 ; sortie provisoire avec un déconfinement, et retour à une vie devenue désormais inquiétante, où le présentiel se mêle au distanciel, où les règles sanitaires s'imposent dans chaque activité. Une vie « mi-normale mi-étrange », pourrait-on dire.. Puis a lieu le second confinement, de fin octobre à mi-décembre de la même année. Ce retour du confinement, avec de nouvelles règles, indique certes une évolution, mais manifeste aussi une vie toujours suspendue à une guerre virale étonnante, en cette première partie du XXIe siècle.

Vivre en alternance des périodes d'arrêt brutal est une expérience traumatisante, une mise en question des rythmes habituels. La « normalité » existentielle devient une préoccupation médicale autant que politique : le rapport entre travail et oisiveté perd de son sens, lorsque toutes les activités se font à la maison. Une autre perturbation provient du couvre-feu, parfois à 20 h, 18 h ou 21 h, selon les lieux de vie et les départements concernés.

Confinements chronométrés, déplacements limités, vie sous conditions, entre restriction et attestation. Que de changements de rythme, pour une population habituée au contraire à vivre de manière régulière et libre.

Telle est la principale caractéristique de la pandémie de Covid-19, avec une année 2020 qui restera singulièrement comme celle pendant laquelle le virus s'est durablement inscrit dans nos existences : sa durée est justement instable, imprévisible, incertaine, entre rebonds et reconfinements. Notre temps humain, familial, social, culturel, est « coupé en tranche », réduit à des cadences alternées, entre allers et retours, sans fin.

Ni cycle ni boucle, le rythme est une question de cadence, une affaire de tempo et le signe d'une autre allure à suivre. C'est aussi un enjeu d'intensités, par accélération ou ralentissement.

Chacun en fait l'expérience tous les jours, dans la vie pratique : nous ne prenons conscience de l'existence des rythmes, qui nous déterminent et nous précèdent, uniquement lorsque leur régularité est interrompue, perturbée, bousculée. Saisir la pulsation des battements du cœur, prendre conscience de leur présence, ne se produit que par la manifestation de leur irrégularité. Percevoir ou entendre son rythme cardiaque, c'est à l'occasion d'un effort physique, d'une perte d'équilibre ou d'un trouble causé par l'anxiété.

Pendant les années 2020 et 2021, le monde vit une expérience arythmique inédite, caractérisée par une perturbation eurythmique. Le temps perd son harmonie : vaccination trop lente, confinement trop long, décision trop tardive, heures de couvre-feu trop variables.

Le virus n'est pas qu'une affaire de santé, c'est d'abord une question de rythmes. Rythmes politiques, rythmes sanitaires, rythmes de vie.

Modifier l'allure, perturber la cadence, bouleverser les structures ; le coronavirus s'installe dans nos vies d'abord comme perturbation du processus de l'existence. C'est exactement cela, un rythme. Non pas un retour ou une répétition, mais plutôt une alternance, qui passe d'une situation à l'autre, d'un premier état au second. La sidération face à l'arrivée du virus est déjà une perte de rythme. Le blocage des activités en est une autre ; l'accumulation d'attentes et de doutes une troisième, et ainsi de suite.

Vivre avec le Covid, c'est apprendre à se dérégler de soi-même et à passer d'un rythme à l'autre. Suspension et déclenchement, l'existence avec un virus passe entièrement dans le *Click & collect* humain : commander, retirer et ramasser. Notre vie est devenue un passage d'un point relais à l'autre.

Contrairement à la fausse idée que l'on se fait du rythme, comme simple séquence répétée à l'identique, le rythme est fait de replis et de projections, de concentrations et d'extensions. Notre vie en rythmes contient des durées variables, des élans spontanés, des repos imposés, des accents différents, des intensités émouvantes, des densités singulières, des attaques rapides et des timbres nouveaux.

Tout un paysage rythmique et vivant se dessine, se bouscule, avec des bonds et des rebonds qui varient. Loin de la seule harmonie symétrique ou de la périodicité stable, le rythme engage des processus multiples, des instances de variation et d'altération. Avec le Covid-19, nous avons pris violemment conscience de cette présence des rythmes dans nos vies, sous une forme imposée et exclusive.

Le musicien expérimental John Cage, élève de Schönberg, inspirateur du mouvement d'arts graphiques et visuels *Fluxus*, accompagnateur des chorégraphies de danse contemporaine de Merce Cunningham, rappelle que le rythme contient en permanence amplitudes et variations. Il a raison, le rythme est une plasticité mouvante : « Le rythme n'est pas du tout quelque chose de périodique et de répétitif », dit Cage dans *Pour les oiseaux*, « c'est le fait que quelque chose arrive, quelque chose d'inattendu ».

Cette approche du rythme doit autant à la visée musicale définie selon Cage qu'à une autre approche, celle du grammairien Émile Benveniste. S'appuyant sur l'étymologie établie par les poètes grecs tragiques Démocrite, Sophocle ou Xénophon, l'analyse linguistique conduit à la remarque suivante : le mouvement répété du va-et-vient des flots marins sur la plage n'est pas la bonne image du rythme. Avec Benveniste, le rythme est dans la disposition ou configuration du « mouvant ». Le rythme est la forme improvisée, momentanée, modifiable, explique le grammairien dans son célèbre ouvrage, *Problèmes de linguistique générale*.

Le *Stop & Go* viral a produit un rythme planétaire hors du commun, qui modifie considérablement notre cadence individuelle et bouleverse les allures de nos vies. Nous n'avons jamais autant ressenti les tempos de l'existence que lors de la pandémie : travail, école ou loisir, le réel est vécu à contretemps : « retard » ici, « trop tôt » là ; perturbation plus loin, pour telle fermeture de magasin, rien ne se fait dans la normalité des règles. Le rythme de l'existence est soumis sans cesse à de nouvelles cadences.

V.I.R.U.S. : Violente Irruption Rapide de l'Urgence Sanitaire

Avec le Covid, les rythmes de l'existence sont profondément perturbés. Les projets ordinaires sont débordés par des engagements ou des désengagements, qui interrogent notre lieu de vie, notre mode de travail, notre manière de consommer, de voyager, d'éduquer nos enfants.

Après le premier confinement, le gouvernement découpe en tranches locales le rythme des retours à la vie « normale » : il place trente-cinq départements en rouge, dont l'ensemble de l'Île-de-France et du quart nord-est du pays, selon une carte provisoire dévoilée par le ministre de la Santé, Olivier Véran. Désormais, nos vies vont se construire selon les localisations de la circulation du virus, et selon les tensions des hôpitaux en capacité de réanimation. La mise en œuvre du dé-confinement se fait à partir d'une carte établie en deux catégories, « vert » et « rouge ».

Les rythmes s'imposent à nous, pour ne plus être que des calculs et des anticipations face au virus : la mise en place du *contact tracing*, mesure actée par le ministre de l'Intérieur Christophe Castaner. Cette décision du Conseil des ministres du 2 mai 2020 permet de prolonger l'état d'urgence sanitaire.

Le *contact tracing* est nécessaire à l'identification des chaînes de transmission du virus afin de prévenir sa propagation lors du déconfinement. Et que deviennent alors les mots *crise* et *urgence*, dans ce contexte sans précédent, où, face à la maladie virale, l'urgence devient la norme ?

L'urgence n'est pas la précipitation, mais la rapidité à se prémunir et à s'organiser. Et l'urgence de la pandémie a remis en question les jeux de force et les rapports de puissance dans le monde : le pays le plus développé du monde, les États-Unis, a été paradoxalement le plus faible et le plus fragile. La première puissance planétaire a été la victime la plus frappée. Alors que le premier décès lié au coronavirus est recensé outre-Atlantique début février 2020, trois mois plus tard, le 1er mai, les États-Unis sont le pays le plus touché, autant en nombre de morts (70 000 décès) qu'en nombre de cas (1,2 million). Aux États-Unis, la ville la plus moderne, la plus dynamique, la plus ouverte sur le monde, New York City, est la ville la plus meurtrie par la pandémie.

À cette période, les pays les plus touchés sont donc les États-Unis, puis ensuite l'Italie (30 000 morts en trois mois, entre début février et début mai), le Royaume-Uni (28 000 morts), et l'Espagne à égalité avec la France (25 000).

La santé a-t-elle un prix ? Face au nombre de victimes, la question se pose : dans un monde où la raison économique est en concurrence avec la rationalité médicale, comment associer logiques sécuritaire, financière et sanitaire ? Les notions de risque, de dangerosité et de dysfonctionnement s'ajoutent à celles d'angoisse, de crise et de souffrance.

On le sait depuis plusieurs siècles, la médecine n'est pas limitée au progrès de la recherche, à la raison scientifique ou à une pratique professionnelle. La médecine constitue d'abord et avant tout une pratique sociale et institutionnelle, qui participe au gouvernement des conduites : elle traite du contrôle social des populations, ou encore de l'hygiène publique, au nom de la raison sanitaire et de la santé collective.

Cette médicalisation de l'existence et du social nous fait entrer dans le monde du biopolitique et du biopouvoir : tous les domaines de la vie (transport, culture, commerce, voyage, éducation, alimentation, habitation...) sont concernés par les questions de santé et par le traitement du Covid-19. Le biopouvoir signifie l'emprise du pouvoir sur les corps. De nombreux experts médicaux participent aux décisions de l'État : combien de controverses ou de polémiques font chaque jour la Une des journaux, pour savoir s'il faut écouter ou suivre tel spécialiste. Les médecins sont sur nos écrans, dans nos ordinateurs, sur les plateaux de télévision. Ils se disputent auprès du pouvoir politique et du pouvoir médiatique pour avoir le dernier mot.

Lorsque a lieu la Violente Irruption Rapide de l'Urgence Sanitaire (V. I. R. U. S.), le confinement change nos vies, nos mœurs et nos comportements. La métaphysique elle-même est traversée par l'ontologie du confiné, l'essence de l'indéterminé et l'être de l'incertain. Une phénoménologie du corps surgit de manière soudaine. Il faudrait alors parler d'un étant covidien – ce qui signifie que l'être disparaît sous la variable médicale. Péril inqualifiable, ennemi innommable, l'adversaire du corps n'a pas de visage, son nom est celui d'un matricule sans identité, Covid-19.

Prévention, lutte et risque deviennent les modalités concrètes et les aspects directs de la banalité de l'existence. Un domaine de la vie échappe-t-il encore aujourd'hui aux enjeux du sanitaire ? Prenons une illustration culturelle, le cinéma.

Pour le septième art, par exemple, l'année 2019 est celle du record de fréquentation du grand écran : 213 millions d'entrées dans les 2 000 salles de cinéma en France. En 2020, la chute est fatale, avec 170 jours de fermeture sur l'année. Avec 70% de fréquentation en moins, entre les deux années, la baisse est vertigineuse.

En ce qui concerne la musique, autre illustration culturelle, un nouveau type de concert apparaît pendant la pandémie, le *Live Stream*. La performance artistique en vidéo instantanée développe un nouveau genre musical. Le Covid-19 semble accélérer les effets techniques de captation, dans tous les genres et pour tous les goûts : le 8 décembre 2020, le chanteur français Matt Pokora se produit devant 60 000 spectateurs, lors d'un gigantesque show, avec nombreux effets spéciaux et interactivité socio-connectée. De leur côté, les formations classiques multiplient les concerts numériques. L'orchestre philharmonique de Marseille, l'orchestre national du Capitole à Toulouse, l'Opéra national de Bordeaux ou la Cité musicale de Metz offrent aux oreilles des internautes un ravissement sonore. Laurent Bayle, directeur de la Philharmonie de Paris, décide de miser, en plein déconfinement, sur les concerts filmés. En mai 2020, il fonde Philharmonie Live, et apporte un autre rythme culturel à la société : en quelques jours, les amoureux de la musique redécouvrent l'expérience artistique à travers la plateforme numérique, comme en témoignent les 15 000 vues recensées par jour, sur le site.

Au niveau sportif, les compétitions sont interrompues, reportées, jouées à huis-clos sans public. Le monde des tournois et des championnats se fige, impuissant. Très vite, les événements sportifs de 2020 comme les Jeux olympiques de Tokyo sont reportés à l'été 2021 et se déroulent avec les délégations sportives uniquement. Jouer une épreuve sportive sans spectateurs, est-ce encore du sport ? De plus, afin de protéger les joueurs et leur entourage, on effectue régulièrement des tests de dépistage pour toutes les équipes sportives, avec des effets immédiats : la Bundesliga en Allemagne place de nombreux joueurs en quarantaine, envisageant des tournois ou des matchs à huis-clos, comme dans tous les pays du monde.

Le sport en temps de Covid change de rythme : lorsque le commissaire de la Ligue nord-américaine de hockey sur glace, Gary Bettman, explique aux fans du public étasunien que les saisons de championnat sont décalées, la déception est grande. Au lieu de reprendre en septembre, la saison commence en décembre, pour permettre à la précédente de finir, provoquant un embouteillage sportif jamais vu.

Sur le plan économique, le marché automobile français subit un choc sans précédent en avril 2020. Par un recul de 90% des ventes, c'est une mise à l'arrêt du commerce automobile, selon les données publiées par les constructeurs. L'ensemble du marché s'effondre, comme le montrent les chiffres du Comité des constructeurs français d'automobile (CCFA), qui réunit PSA (Peugeot, Citroën, DS, Opel) et Renault (Dacia, Alpine). « Une opportunité contre la pollution ? » Un bienfait pour l'écologie ? Pas si sûr, car la solution de l'arrêt d'une économie humaine ne peut pas être l'issue espérée pour sauver la planète.

Les compagnies de transport sont durement frappées : le trafic aérien diminue de 90% sur l'année 2020. En quelques semaines d'immobilité, British Airways supprime un quart de son personnel, soit 12 000 emplois ; la compagnie irlandaise *low cost* Ryanair supprime 3 000 sur 20 000 postes en Europe, principalement les activités de pilote et de personnel naviguant, en raison de la paralysie du transport aérien et de l'arrêt quasi complet des aéroports. La crise de l'aéronautique n'épargne pas les plus grandes entreprises. Alors que, sur le plan environnemental, l'avion est pour Greta Thunberg le symbole des énergies fossiles polluantes, sur le plan économique, c'est la chute libre : en Europe, Airbus constate une perte de 481 millions d'euros au premier trimestre 2020, son concurrent américain Boeing accuse un déficit net de 641 millions de dollars. Conséquences tragiques : Boeing supprime 10% de ses effectifs mondiaux, soit 16 000 emplois. Airbus place en chômage partiel 3 000 salariés en France, 1 300 au Royaume-Uni et près de 14 000 en Allemagne.

On constate aussi une perte de 3 milliards d'euros pour la SNCF du fait de la crise sanitaire en deux mois. De leur côté, les membres d'équipage et passagers de navires de croisière sont mis en quarantaine et immobilisés dans les ports, sans possibilité de descende à quai. Dans les transports en commun, la désinfection s'intensifie chaque jour à l'aide de lingettes virucides : nébullisation, fumigation, pulvérisation. Si la RATP représente à elle seule un réseau de 12 millions de voyages par jour en temps normal, comment maîtriser les flux rythmiques sur l'ensemble des lignes urbaines ? L'opérativité logistique se met en place : port du masque obligatoire dans les transports, marquage au sol, distance sociale et séparation des flux d'entrée et des flux de sortie. Ou alors, autre solution, abandonner les bus, métros et tramways pour choisir la bicyclette ? Le vélo sur piste cyclable est une solution envisageable pour celles et ceux qui le peuvent, pour faciliter les transports citadins en temps de pandémie.

Cette crise économique a donc bien sûr une contrepartie écologique : en février 2020, les images satellites de la NASA montrent une baisse considérable de la concentration de dioxyde d'azote (NO_2), produit principalement par les véhicules et centrales thermiques. On respire alors mieux sur la planète, sachant que la pollution atmosphérique provoque 8,8 millions de décès prématurés par an dans le monde. Et, sur l'ensemble de l'année 2020, la baisse des émissions mondiales de CO_2 atteint 8%, selon l'Agence internationale de l'énergie (AIE). Sur l'ensemble de cette première année de pandémie, la réduction de carbone est autour de 2,6 gigatonnes (2,6 milliards de tonnes), soit six fois plus qu'après la crise financière de 2009.

En Espagne, le gouvernement fait ses comptes : Madrid annonce une explosion du déficit budgétaire passant de 2,8% en 2019 à 10,34% en 2020, en raison de la hausse des dépenses publiques face à la pandémie. Il s'agit du « plus gros déficit depuis dix ans », précise la ministre du Budget Maria Jesus Montero, lors d'une conférence de presse qui fait triste mine. En France, au moment même où l'on apprend par Agnès Pannier-Runacher, secrétaire d'État auprès du ministre de l'Économie et des finances, que le prix du masque chirurgical est plafonné à 95 centimes l'unité, l'annulation de la Fête du travail est annoncée : « Mes chers compatriotes, ce 1er mai 2020 ne ressemble à aucun autre. Aujourd'hui, pas de rassemblement dans nos villes pour fêter comme nous le faisions depuis tant d'années, la journée internationale des travailleurs », semble dire, avec regret, le président de la République.

Macron vu par Sartre

En pleine pandémie de Covid-19, le 15 avril 2020, a lieu la commémoration du quarantième anniversaire de la mort de Jean-Paul Sartre, dont le nom reste attaché à l'existentialisme, grand mouvement intellectuel et culturel de la Libération. Sans être théorique ou abstrait, ce courant philosophique est d'abord une manière singulière de s'adapter au monde, de se réinventer un style de vie, lorsque les temps sont bouleversés par des événements inédits. Réagir face à ce qui nous arrive, affronter l'angoisse d'un choc épidémique sans précédent, une foule d'interrogations existentielles se bouscule alors en chacun de nous, au moment même où le célèbre philosophe-écrivain se rappelle à notre bon souvenir.

Avec le Covid-19, nous sommes soudain plongés dans l'angoisse existentielle, celle ressentie par le personnage de Roquentin, dans le célèbre roman philosophique *La Nausée* : pétris d'incertitudes, contraints de vivre confinés entre quatre murs, à tourner en rond, nous sommes seuls au milieu des autres. Avec le doute sur l'après, sur le dehors, sur l'ailleurs et l'ici, ou encore sur le retour à la « vie normale » qui ne sera jamais plus pareille. Un futur incertain, un présent guère plus stable. Notre journée s'évapore dans la facticité du vide ou dans l'évanescence du néant : qui sommes-nous finalement, et comment être soi, si notre vie se réduit au confinement ?

Lors du premier confinement, chacun se retrouve dans la situation du personnage sartrien, tiraillé entre l'universel (l'angoisse) et le singulier (la mélancolie). Nos errances fragmentaires et éphémères du confinement rappellent cette remarque de Roquentin : « L'essentiel, c'est la contingence. Je veux dire que, par définition, l'existence n'est pas la nécessité. Exister, c'est être là, simplement. » Nous sommes face au confinement, comme Roquentin devant une racine de marronnier : l'expérience étrange du vécu, la mise à l'épreuve concrète de qui nous sommes, l'absence de réponse d'un monde silencieux, à l'arrêt, dans sa matière brute, qui se laisse découvrir dans une forme d'irréel.

Vivre un confinement, en 2020 ou 2021, c'est expérimenter psychiquement la banalité ordinaire du monde, et en faire aussitôt, en soi-même et pour soi-même, le récit désillusionné, fragmenté et dispersé. Le sens de l'humain confiné, c'est se découvrir comme néantisation et se demander ce que nous pouvons en faire. Autant de questions concrètes qui touchent au cœur de l'idée forte de l'existentialisme : la liberté, l'existence, le désir, le choix, la relation entre soi et les autres.

Sartre, dont la pensée vive et souple se situe au plus près du vécu, apporte une réponse : devant les murs, les obstacles ou le confinement, l'élan reste possible. L'expérience de la contingence et du vide conduit à se projeter en avant de soi. Se confiner, c'est se défaire pour se refaire autrement. Travailler à renaître soi, sans se figer ni se limiter. Vécu comme néant, le confinement est en fait un exercice de liberté : que faire de son temps ? Se réinventer, s'adapter à une autre temporalité, épouser un nouveau rythme sans se trahir soi-même ni s'opposer à autrui. S'assumer, se découvrir et s'expérimenter. Pour Sartre, l'impératif de l'action et de décision relève d'une situation concrète : la conscience de sa responsabilité individuelle répond à une contrainte inédite. Il s'agit, pour chacun de nous, l'ensemble des êtres humains, de réagir à notre confinement imposé.

L'incarnation de la dimension sartrienne de l'actualité, face à l'épidémie mondiale, se retrouve dans le discours du président de la République, prononcé lundi 13 avril 2020.

Sa quatrième allocution télévisuelle sur la gestion de la crise du Covid-19 semble prendre la mesure existentielle de la situation. Écouté par 37 millions de Françaises et de Français, réunis devant leur poste de télévision ou de radio, Emmanuel Macron annonce « l'indissoluble liaison de la nécessité et de la liberté », reprenant à son compte la formule de Sartre : d'un côté, la responsabilité collective par la mobilisation et par le respect des règles, qui concerne aussi bien le gouvernement, les maires et les élus locaux, que les associations ou les citoyens ; de l'autre, le besoin d'organiser différemment le temps et l'espace, nos vies et nos choix.

La leçon politique d'Emmanuel Macron rappelle l'éthique sartrienne. La société confinée repose la question du destin de la condition humaine. « Cette épidémie ne saurait affaiblir notre démocratie ni mordre sur nos libertés », affirme le président de la République, ce lundi 13 avril au soir. Le strict confinement ne serait pas un frein à la liberté ? Comment cela est-il possible ? Seule la perspective existentialiste, choisie alors par le président de la République, permet de comprendre que rester chez soi, sans bouger ni sortir, ne relève pas d'une interdiction mais d'une transformation de notre action.

Bouleverser nos habitudes est une ré-articulation qui interroge les temporalités, les modes de vie et les comportements. « L'engagement face à l'inattendu et à la menace », explique le président Emmanuel Macron dans un élan sartrien, oblige « à être vivant et créatif » et n'interdit ni de vivre ni d'aimer.

Le ton présidentiel, le style et le vocabulaire employés dans cette allocution télévisuelle du 13 avril 2020, renvoient à l'impératif d'une liberté en situation : « décision », « choix », « moment de vérité » ou encore « refondation ». Tout le discours médiatique d'Emmanuel Macron prononcé ce jour ramène à Sartre. Si « le moment que nous vivons est un ébranlement intime et collectif », conclut M. Macron, il faut alors « sortir des sentiers battus et des idéologies, pour nous réinventer, et moi le premier ».

Se réinventer, « moi le premier », conclut le chef de l'État ? Quel étonnant défi politique, que de se remettre en question, alors que le président de la République agit, d'ordinaire, dans une forme d'auto-contentement. L'expérience quotidienne et collective du confinement apporte son lot de surprise et d'étonnement : celui que le général de Gaulle appelait « M. le professeur » inspire l'actuel locataire de l'Élysée, qui retient la leçon de La Nausée et L'Être et le Néant : dépasser l'opposition entre déterminisme contraignant et liberté absolue, au profit d'une liberté tragique et située, celle que nous vivons toutes et tous pendant cette pandémie. Oui, jamais nous n'avons été plus sartriens, et donc plus libres, que sous le confinement mondial. Telle semble être la leçon politique et poétique, proposée ce soir-là par Emmanuel Macron.

La recherche philosophique d'une autre singularité de l'existence, mise en avant par le président de la République, a peut-être, finalement, inspiré l'actuelle réflexion de ce livre, qui se veut un outil de questionnement, au croisement de l'anthropologie médicale, de l'expérimentation philosophique et de l'actualité politique.

Sans précédent dans l'histoire de l'humanité, la pandémie de Covid-19 n'a pas fini de nous imposer ses enjeux et de nous sommer de trouver des solutions, même provisoires, aux défis socio-politiques posés par cet événement. Pour y parvenir, s'appuyer sur des penseurs et des philosophes, autant que sur des scientifiques, des chercheurs ou des médecins, permet de mesurer les enjeux éthiques, psychiques, politiques et environnementaux de la tragédie sanitaire des années 2020-2021.

À la perturbation des rythmes, provoquant une panique dans la population, liée au sentiment d'aléatoire et d'imprévu, le gouvernement d'Emmanuel Macron doit déployer une politique de l'incertain, qui associe adaptabilité, improvisation et réactivité. « Gouverner, c'est prévoir » était une célèbre phrase prononcée par le journaliste Émile de Girardin, fondateur de La Presse et du Petit journal. Aujourd'hui, face au virus, gouverner, c'est rythmiciser : ne plus être en retard, mais prendre de vitesse le virus, par une autre cadence et une allure nouvelle, afin d'éviter une nouvelle ligne Maginot. Pour ne plus sombrer dans l'illusion, une nouvelle politique virologiste peut se faire.

Et, pour y parvenir, la stratégie politique peut faire appel aux philosophes et écrivains, afin d'y trouver des ressources et des appuis. Parmi eux, Pascal, Rousseau, Kant, Freud, Nietzsche, Deleuze, Foucault et quelques autres... sont ici mobilisés, pour nous aider à réfléchir au monde d'après. Alors que la pandémie n'a pas fini de nous frapper, il est urgent de trouver des réponses et de penser à inventer un autre monde humain, qui puisse intégrer les leçons à tirer de l'événement du Covid-19.

Première partie : Sigmund Freud

RENONCER À SA LIBERTÉ ?

À quoi sommes-nous prêts à renoncer pour protéger les autres ? Les années 2020 et 2021 furent celles des confinements, des déplacements sous conditions, des couvre-feux, des mises à l'arrêt, des vaccins, tests et passes sanitaires. Une expérience hors du commun pour l'ensemble des habitants de la planète. La contrainte, plusieurs la considèrent comme une obligation stricte ; d'autres y voient un sacrifice nécessaire ; aux yeux de certains, peut-être plus radicaux, elle est intolérable, et il faudrait s'y opposer, au nom des libertés humaines fondamentales. Si, pourtant, elle peut sauver des vies, non pas seulement la sienne, mais également celle d'autrui, faut-il alors se soustraire à la contrainte ?

Limiter, restreindre, contraindre... telles sont les modalités existentielles de la vie quotidienne, tout au long des années 2020 et 2021 : confinement, couvre-feu, distances sociales ou masque obligatoire. Lieux de socialisation fermés, écoles et restaurants plusieurs fois à l'arrêt, entreprises mises en télétravail, absence de vie culturelle et de loisirs. Mise sous tutelle, notre vie est passée en mode *renoncement*. Renoncer à s'embrasser ou à se serrer la main ; renoncer à sortir hors de chez soi ; renoncer à aller au cinéma ou au théâtre. Renoncer à voyager, à dîner en ville et à aller hors de nos frontières.

Pour sauver autrui, il faut renoncer à entrer en contact avec lui ; pour protéger les autres, il faut remettre en question nos relations. Un paradoxe existentiel sur le long terme, au-delà de ce qui est vécu et perçu également comme une immédiate frustration. La vie est placée sous la tutelle du *lockdown*, qui signifie le confinement généralisé, en raison de la sécurité sanitaire internationale et nationale.

Cette vie sous restriction est devenue l'*habitus* du savoir-vivre, du vivre-ensemble, à partir de 2020. Un habitus socio-culturel, qui signifie que nos comportements, nos choix et nos décisions dépendent d'un contexte social plus large, qui nous englobe, nous précède et nous détermine – ou, du moins, nous influence. Contexte local et global, simultanément. La mise sous cloche de la liberté individuelle (de mouvement, de culture, de relation, de rencontre, de travail, d'apprentissage...) est la paradoxale condition de la survie collective. Chacun doit se sacrifier, pour sauver l'avenir de tous ?

Rester à la maison

Se protéger en restant chez soi est le mot d'ordre imposé à une grande partie de la population mondiale, depuis l'arrivée du virus dans nos vies.

Aux côtés des différentes mesures sanitaires, comme se laver régulièrement les mains avec du gel hydro-alcoolique, ou maintenir les distances sociales, l'expression « Rester à la maison » ou « *Stay at home* » est devenue planétaire. Car la prudence et la précaution, *Stay Safe*, sont des barrières psychologiques autant que physiques, pour éviter tout comportement à risques.

Le devoir de rester chez soi, de ne pas sortir loin de son périmètre habituel et de séjourner dans sa demeure, rejoint l'éthique des préceptes classiques. De l'expression latine *Domus ecclesiae*, évoquant la maison de l'assemblée, pour se réunir autour du lieu de culte privé, au célèbre thème britannique faisant l'éloge du foyer, *Home sweet home*, le domicile évoque la chaleur familiale, la protection assurée ou l'apaisement retrouvé, loin des obligations professionnelles. La maison est à la fois un cadre de vie et un havre de paix. Le charme d'une bâtisse familière, que l'on quitte le matin par nécessité, et que l'on retrouve chaque soir avec sérénité, apporte un imaginaire du confort et de la sécurité. Synonyme de bien-être, le chez-soi a changé de fonctionnalité en 2020. La demeure s'apparente désormais à l'enfermement ou à l'isolement. Aujourd'hui, notre espace de vie devient une mise en quarantaine de l'existence. Non pas retrouver avec bonheur sa maison, mais être obligé de demeurer dans un lieu.

Le célèbre adage du philosophe Pascal, au cœur du chapitre VIII – la partie des *Pensées* consacrée au divertissement –, rappelle « qu'un homme qui a assez de bien pour vivre, s'il savait demeurer chez soi avec plaisir n'en sortirait pas ». L'appel pascalien à l'introspection se retourne en 2020 en son contraire : « Un homme, privé de son bien-vivre social et culturel, s'il pouvait se déplacer hors de chez lui, profiterait du plaisir d'en sortir. »

Le mot d'ordre « Restez à la maison, cela n'a jamais été aussi simple de sauver des vies » est plein de sagesse et de bon sens. Relayée sur les réseaux sociaux et les médias traditionnels, cette affirmation, formulée en morale du quotidien, est d'abord une consigne sociale et politique pour freiner l'épidémie. Dès le mois de février 2020, le monde est touché de plein fouet, l'Europe est frappée rapidement. La maladie apparaît partout sur la cartographie des régions du continent, après une implantation localisée du SARS-CoV-2, notamment, au départ de l'épidémie en Europe, dans le Nord de l'Italie. Les frontières ont vite perdu leur sens, face au virus.

Aussitôt formulée, cette modalisation formelle du devoir, qui impose comme règle la non-sortie ou le non-mouvement, prend d'autres dimensions : elle s'inscrit aussi en mesure morale et civique, en discipline culturelle et internationale. D'exception, la mesure de restriction devient un mode de vie. Au-delà de toute distinction de classe sociale, par-delà l'opposition entre ville et campagne, entre centre-ville et périphérie, ou entre quartiers riches et quartiers pauvres, la consigne restrictive sanitaire est devenue la norme dominante, la règle pour tous ou, pour le dire dans le vocabulaire kantien, l'équivalent universel de la loi morale.

Du point de vue du sage Emmanuel Kant, *Stay home* n'est pas une maxime personnelle, que l'on choisirait de suivre ou de s'appliquer comme précepte subjectif. Non, au contraire, « Rester à la maison » relève de ce que le philosophe de Königsberg appelle un *impératif catégorique*, c'est-à-dire un devoir, un *Sollen*, qui exprime la contrainte morale en nous, une loi. Il faut donc voir cette contrainte non pas comme une obligation imposée de l'extérieur, par le gouvernement d'Emmanuel Macron ou par la Haute Autorité de médecine, reconnue comme instance légitime par l'État français. Il s'agit ici d'une règle pratique de la raison, « qui prescrit l'action, comme moyen, en vue de l'effet, comme intention », explique Kant, lorsqu'il analyse les règles pratiques ou « propositions fondamentales » dans la *Critique de la raison pratique*.

Toute créature raisonnable et humaine, précise le penseur allemand, doit, par l'autonomie de sa liberté, intégrer la loi morale comme étant la sienne propre. Inconditionnée, la loi morale du confinement pour sauver des vies perd sa dimension de contrainte *extérieure* et gagne son indéniable légitimité *intérieure*. S'adapter au confinement, se plier aux attestations, se soumettre au couvre-feu, nous devons toutes et tous agir ainsi. Il n'y a pas d'autre choix, car Kant confirme cette dimension de nécessité, valable pour chacun d'entre nous, dans une célèbre formule de la *Critique de la raison pratique* : « Agis de telle sorte que la maxime de ta volonté puisse toujours valoir en même temps comme principe d'une législation universelle. »

Chacun doit laisser de côté ses intérêts personnels ou ses projets privés : restaurateurs, commerçants, entrepreneurs, directeurs de centre de vacances, entraîneurs de club sportif, metteurs en scène, comédiens et techniciens du spectacle, oui, tous les métiers, qui vivent de l'interaction et de l'échange, de la relation et de la rencontre, se trouvent aussitôt impactés. Par un cri de colère publié dans la presse française le 17 juin 2020, l'acteur et comédien Fabrice Luchini hurle : « Ils n'ont pas à nous dire ce que l'on doit faire en période de confinement ! »

Sans doute plus nietzschéen que kantien, le sublime acteur de Rohmer et de Lelouch ne voit pas en tout cas le lien direct et immédiat qu'établit Kant entre soumission à la loi morale et affirmation de la liberté. La contrainte imposée à son corps et à son esprit renforce son désir de liberté et de s'affranchir des barrières étatiques et moralisatrices. C'est ainsi que Fabrice Luchini semble percevoir la vie sous Covid, une non-vie.

Mais le passage de la loi morale intégrée, « faire en sorte de rester à la maison pour se protéger, autrui et soi, et sauver des vies », à l'application concrète dans la vie quotidienne est difficile. Le passage de la contrainte théorique aux restrictions réelles s'opère par des mesures nationales collectives. Le problème, la difficulté, c'est que cette application pour toute la population semble relever de décisions politiques imprécises, prises dans un temps médiatique réduit au minimum, en vue de conséquences économiques directes et d'impacts sociaux immédiats. Comment faire passer une contrainte difficile auprès d'une population éprise de libertés ?

Politiques de l'incertain

Pour évaluer les résultats de nos dirigeants, il n'est jamais facile d'opérer la bonne distance. Comment prendre le recul nécessaire et mesurer l'impact de l'action gouvernementale ? Faut-il attendre plusieurs années, avec le recul historique ? Est-il, au contraire, plus utile de prendre un point de vue moral immédiat, pour prendre la teneur des effets d'une décision ? Rien n'est sûr. Pourtant, dans certains cas, il n'y a pas besoin d'une expertise scientifique poussée, par exemple, pour sentir la fébrilité dans les hautes sphères de l'État.

Dans la déclaration du premier ministre Jean Castex pendant sa conférence de presse du 3 décembre 2020, en particulier, qui confirme maintenir les remontées mécaniques fermées tout en laissant ouvertes les stations de ski françaises, faut-il y voir un signe indirect de maîtrise, une marque volontaire de prudence ou, au contraire, un geste précipité d'affolement ? « Il sera toutefois loisible de profiter de l'air pur de nos belles montagnes et des commerces, mais toutes les remontées mécaniques seront fermées. » Une formule oratoire aussi drôle qu'ironique, proche d'une rhétorique subtile du ridicule, qui prend place aussitôt aux côtés des traits d'esprit de Groucho Marx ou des saillies des Monty Python.

Jean Castex essaye-t-il de détendre l'atmosphère et d'apporter un peu de réconfort, en ces heures difficiles ? En tous les cas, dans la situation d'une pandémie internationale à l'ampleur inédite, chaque détail compte, pour tenter de distinguer ce qui, d'un côté, relève du contrôle sanitaire organisé, et ce qui, de l'autre, tient d'une politique improvisée de l'incertain.

Comment évaluer les bonnes décisions et reconnaître ce qui est juste ? Comment distinguer les engagements utiles des mauvaises actions ? Tiraillé dans un sens ou dans un autre – se faire vacciner, télétravailler et s'autolimiter dans ses actions –, le citoyen a souvent l'impression que le médaillon à deux faces de l'éthique peut retomber aléatoirement, engendrant le meilleur comme le pire : du côté « pile », la contrainte nécessaire révèle une prudente sagesse au service de tous, et reçoit l'approbation de la population et des citoyens. Du côté « face », l'inefficacité du résultat souligne l'impréparation de l'ensemble de la classe politique, gouvernement comme opposition, députés nationaux comme élus locaux. Hélas, il semble qu'un rapide calcul ne laisse que peu de doutes à la probabilité du pire : plus nous serrons la visse, plus nous sommes impuissants à faire disparaître le Covid-19. N'y a-t-il pas une rythmicité du Covid, qui échappe à une manière traditionnelle de contrôler les populations ?

Des voix s'élèvent, par exemple, au moment où l'écart entre les campagnes de vaccination dans l'hexagone français, comparées aux politiques sanitaires outre-Rhin et outre-Manche, manifeste un cruel défaut de stratégie nationale, tant au niveau de l'application que de la logistique. À la fin de l'année 2020, à propos de l'organisation des vaccins, comme ceux développés par les laboratoires Pfizer et BioNTech, la comparaison des politiques de vaccination sème le trouble : alors que l'Agence européenne du médicament (EMA) donne son feu vert, en quelques jours, l'Allemagne compte 42 000 vaccinés, le Royaume-Uni en est déjà à 900 000, pendant que la France est à moins de 200.

La situation semble pourtant la plus terrible jamais envisagée depuis le début de l'épidémie : le jour de la Saint-Sylvestre, jour symbolique s'il en est, puisqu'il s'agit de la dernière festivité de l'année avant le passage à 2021, le bilan est très lourd : les États-Unis enregistrent 4 000 décès en 24 h, un triste record, et la France compte 27 000 nouvelles contaminations dans la population sur une seule journée. Faut-il accélérer la course au vaccin et mettre en place une campagne d'injections de doses en urgence, comme le font, plus vite que nous, nos pays voisins ?

Les uns, comme le généticien et philosophe Axel Kahn, chercheur en médecine et ancien président du comité d'éthique de la Ligue contre le cancer, décédé le 6 juillet 2021, condamne la lenteur et déplore l'absence d'avancée ; les autres, comme le ministre des Solidarités et de la Santé, Olivier Véran, praticien hospitalier et neurologue, indique, au contraire, que la prudence explique le décalage. Erreur de communication ou impréparation politique ?

À plusieurs reprises, selon un rythme répété, nous voyons surgir cette politique de l'incertain, sur le plan national autant qu'international : par exemple, à quelques jours des fêtes de Noël de l'année 2020, un vent de panique souffle sur les ambassadeurs des vingt-sept pays de l'Union européenne.

Le Centre européen de prévention et de contrôle des maladies (ECDC) annonce en effet qu'une nouvelle variante du coronavirus circule déjà un peu partout sur le Vieux Continent. Les cas de personnes infectées par cette forme mutante, qui serait 70% plus contagieuse que la précédente souche, sont détectés simultanément au Danemark, aux Pays-Bas, au Portugal ou en Italie, pour ne citer que les principaux pays européens alors concernés. Également en Angleterre, déclare rapidement de son côté le premier ministre britannique Boris Johnson, provoquant aussitôt une panique générale, au moment même de l'entrée en vigueur du Brexit.

À quelques jours de l'application de la sortie du Royaume-Uni de l'Union européenne, la nouvelle situation de crise sanitaire produit immédiatement une réaction au niveau politique : des mesures de reconfinement et des nouvelles restrictions de déplacement se décident en toute hâte par plusieurs pays membres de l'Union européenne, sans aucune concertation collective ni dialogue entre les pays. La politique de l'incertain s'incarne ici, dimanche 20 décembre 2020, par une suspension en catastrophe des transports en provenance et vers le Royaume-Uni. Avions cloués au sol, trains à l'arrêt, transporteurs routiers bloqués sur les deux côtes portuaires, à Douvres et à Calais, voyageurs obligés de dormir dans les gares ou les aéroports, pour cause de quarantaine. Seront-ils rentrés chez eux pour les fêtes ? La circulation pourra-t-elle reprendre ? La panique sanitaire se double d'une panique culturelle et humaine. La mutation d'une nouvelle forme de virus engendre toujours autre chose qu'elle-même, elle crée la peur, l'urgence et l'effroi.

Face au coronavirus, la politique de l'incertain n'est pas nécessairement la politique du pire. Elle désigne surtout une action de rééquilibrage improvisée, basée sur l'à-peu-près et sur l'imprévu. Combien de temps pourrons-nous nous tenir ainsi aux aguets, dans un qui-vive existentiel ?

Le domicile comme espace extérieur

Une lecture critique de l'événement conduit à s'interroger sur les conditions concrètes, à la fois physiques et morales, sociales et humaines, culturelles et économiques, de la restriction universelle de déplacement. Imposer à tous le confinement obligatoire, comme solution globale répétée, est un prix lourd à payer. Qu'en est-il exactement ? La détresse psychologique est un danger pour la population enfermée chez elle. Souvenez-vous de l'adage du fabuliste Jean de La Fontaine, dans *L'ours et l'amateur des jardins* : « La raison d'ordinaire / N'habite pas longtemps les gens séquestrés. »

Bien sûr, de manière globale, le confinement imposé est utile et nécessaire, parce qu'il généralise le principe du geste barrière à la porte du domicile. La maison protège des agressions extérieures, y compris de l'intrusion par un virus mortel. Cette image du huis clos, image médiatique et communicationnelle, est devenue en 2020 une réalité pour beaucoup de citoyens, vécue au pied de la lettre et prise au sens strict. Il faut pourtant se rendre compte que le geste de protection est autant un geste de frustration qu'un geste d'exclusion.

Le confinement obligatoire est vécu en 2020 comme un état de détresse et d'abandon. Il s'apparente ainsi au sentiment d'être seul, isolé, exclu. Être chez soi est devenu la même chose qu'être hors du monde, ou projeté dans un univers inconnu. Ce n'est pas notre place. Où est-elle, si nous ne pouvons plus sortir et si le lieu le plus familier devient lui-même un lieu d'exil, étranger et incertain ? Albert Camus avait pensé ce sentiment, qu'il nomme « l'absurde » : Camus associe l'absurde à l'expérience intérieure de l'exil, qu'il éprouve lui-même à Oran, en mars 1940 : « Tout m'est étranger », précise Camus, « tout. Je ne suis pas d'ici – pas d'ailleurs non plus. Le monde n'est plus qu'un paysage inconnu, où mon cœur ne trouve plus d'appuis. Étranger, tout m'est étranger. » (*Carnets*)

L'absurde, c'est le sentiment de séparation et de désunion ressenti en soi-même, l'abîme infranchissable qui se révèle entre l'homme et le monde, entre les aspirations du premier et le silence du second. L'absurde, pour Camus, n'est ni dans la conscience ni dans les choses, il est dans l'impossibilité d'établir entre elles un autre rapport que d'étrangeté : « L'homme se sent étranger. Cet exil est sans recours. Ce divorce entre l'homme et sa vie, l'acteur et son décor, c'est le sentiment de l'absurde », écrit Camus en 1942 dans *Le mythe de Sisyphe*.

Camus reprendrait sans doute aujourd'hui ses mots, s'il devait décrire le sentiment qui gagne le cœur des citoyens du monde, au premier trimestre 2020. Le mystère et la mélancolie des villes désertées ou vides, abandonnées ou évacuées, on les voit d'habitude dans l'imaginaire vagabond et nomade des créateurs. Cette sensation de vide et de silence, d'absence et d'absurde, est surtout présente dans les tableaux des artistes, en particulier dans l'œuvre des peintres Giorgio de Chirico et Edward Hopper, Edvard Munch ou Egon Schiele, Caspar David Friedrich ou Arnod Böcklin. Dans ces œuvres magnifiques et sublimes règne un monde souvent vide et absent, triste et déserté, où la présence humaine s'efface peu à peu, laissant place au vide et au silence.

En avril 2020, le chaos multiple, baroque et foisonnant du Tout-monde, cher à la pensée d'Édouard Glissant, peuplé d'êtres, de créatures et d'humains divers et variés, laisse place à une mondialité sans Relations, sans rythmes et sans échanges. Un monde où la nature semble reprendre ses droits : les pigeons flânent, seuls, sur les marches de la Plazza Navona de Rome ; un puma erre, perdu, à Santiago du Chili ; des sangliers ont été aperçus à Barcelone. Les Relations connectées du monde sont désormais celles de décors sans spectacle, de sites sans touristes, de scènes sans danseur. Un monde aussi où la nature nous dit qu'elle existe, qu'elle est là.

Aux quatre coins de la planète, la plasticité humaine et la mobilité urbaine se taisent : Time Square à New York, la place Jemaa-El-Fna à Marrakech, la Puerta del Sol à Madrid, la Porte de Brandebourg à Berlin, Piccadilly Circus à Londres. Les jardins et les cours, les parcs et les esplanades, lieux tragiques de villes éteintes, ruines spectrales d'un monde sans visage. Une beauté peut-être, malgré tout, absolument incroyable par sa nudité. Un monde sauvage et brut, sublime et bouleversant.

Cloîtré chez soi, le seul regard qu'il nous reste pour s'échapper et pour contempler le décor, ce seul regard sur l'extérieur, il se réduit au minimum : regarder le monde se limite à une fenêtre ouverte sur un paysage proche et ordinaire, celui qui nous est accessible par la fenêtre de notre maison. Alors l'extériorité surgit à travers une terrasse d'appartement, par les carreaux d'une chambre, la lucarne d'une mansarde. Le monde extérieur est devenu « absurde », au sens où nous n'y habitons plus, il n'est plus le nôtre. Nous n'en sommes plus les acteurs, nous ne le connaissons plus pendant plusieurs semaines. Le monde se réduit et disparaît, par une non-fréquentation. Nous en sommes simplement des spectateurs inquiets.

Quittant la vie urbaine, le monde nous a abandonnés en retour : villes vides et endormies, villes fantômes et vidées, villes perdues et solitaires. Six semaines de confinement obligatoire, annonce le Conseil scientifique en France le 26 mars, comme dans presque tous les pays du monde. Pour l'individu moderne de 2020, sa propre maison est devenue sa principale prison, dont il est lui-même le gardien. Le geôlier et le détenu ne font qu'un.

Oui, nous aimons tous notre foyer, notre intérieur, notre habitat, notre chez-soi. Sauf qu'à y demeure 24 h sur 24, parce que nous y sommes contraints, cette expérience devient parfois difficile à vivre : entre quatre murs, le sentiment d'étouffement prédomine. Et le prisonnier supporte-t-il le cachot où on l'enferme ? Et le marin s'enrichit-il de la solitude sur son bateau ? Il n'est qu'à penser aussi à l'image du malade, cloîtré dans sa chambre d'hôpital, doublement isolé par la maladie qui le frappe. Pour lui, l'espace médicalisé limite son périmètre à seulement quelques pas. La contagion étant basée sur le contact et l'échange – par la transmission de petites particules de sécrétions respiratoires, lorsque quelqu'un en face de vous parle ou postillonne, autrement dit, par la contamination aérienne –, la solitude est presque un remède pire que le mal, qui plonge dans la sidération de l'isolement.

Les Ehpad, où, en France, 80% des résidents sont âgés de 80 ans ou plus, et autres maisons de retraite sont en état de siège. Véritables clusters, la propagation y est foudroyante : sur le site internet du gouvernement, la Direction générale de la santé indique 10 000 décès dans les Ehpad, entre mi-mars et mi-mai, alors que le nombre de décès dans les hôpitaux s'élève lui à 17 000, pendant la même période.

D'ordinaire, pendant une guerre, une crise ou une catastrophe, le chez-soi incarne le refuge, symbolise la protection.

Un cocon intime et privé est le plus beau des bonheurs, la quête du repos et le réconfort de la tranquillité. À l'inverse, imposé comme une contrainte permanente, le confort personnel peut devenir la pire des sanctions, si l'obligation d'y demeurer plusieurs semaines de suite transforme votre lit douillet en cellule d'isolement. La mise en quarantaine dans son espace privé, peut transformer le rêve d'une maison agréable en situation de cauchemar. Alors, que faire ?

Sauve-qui-peut

De Wuhan à New York, de La Paz à Singapour, de Berlin à Dakar, une grande majorité des lieux du monde met en place la principale barrière à l'expansion du virus : demander à la population de rester chez elle.

En France, dès le deuxième jour de confinement, le 17 mars 2020, à 20 h, partout sur le territoire national, le slogan « Applaudissez » se répand comme le signe de solidarité avec le corps médical et le personnel hospitalier, acte symbolique qui transcende la mesure sanitaire de l'isolement. Il s'agit de retourner le négatif vécu en positif souhaité. Se protéger à la maison et saluer le personnel hospitalier. À l'image d'une course sportive sur le bitume olympien, passage de relais d'un individu à l'autre, la consigne se diffuse et se répand partout : le retour à la maison est la meilleure réaction collective politique devant la violence mortelle de l'épidémie.

À Rennes par exemple, alors que les pompiers de la ville commencent un mouvement de grèves en décembre 2019, pour protester contre l'inefficacité des services et l'absence de moyens financiers, la protestation salariale est rapidement suspendue, mise de côté. L'heure n'est plus à la revendication. L'urgence, l'enjeu de protéger tous les citoyens, remplace la spécificité contestatrice du moment. Pour aider les victimes en état d'urgence respiratoire, les banderoles de la revendication salariale disparaissent. Les femmes et hommes du feu reprennent immédiatement le travail, se mettent au service des autres pour sauver la population. Les slogans revendicatifs pour une hausse des moyens financiers, inscrits sur les véhicules d'intervention, sont enlevés. Un nouveau message apparaît, « Restez chez vous », et se retrouve partout ailleurs : habitations, publicités, entreprises.

Significatif de la prise de conscience collective, le cas des pompiers du centre de secours rennais de Saint-Georges qui relayent le mot d'ordre, inscrit désormais sur l'ensemble de leurs véhicules d'intervention, offre l'image d'une unité populaire et d'une union nationale. Cet engagement solidaire invite la population à suivre l'impératif sanitaire, moral et politique. L'incitation à la restriction prend la forme d'un destin commun et fraternel, lorsque, devenus collectifs et quotidiens, les applaudissements des confinés saluent le travail admirable de l'ensemble du personnel soignant et louent la dévotion médicale nationale.

« Le moment est arrivé de s'arrêter, de le faire vraiment », déclarent d'une même voix le maire de Bergame et le président de la Lombardie, à la mi-mars, alors que la tragédie italienne compte environ 800 morts par 24 h, faisant de l'Italie le pays le plus touché en Europe, devant l'Espagne. À son tour, le premier ministre italien Giuseppe Conte annonce l'arrêt de l'activité de production sur tout le territoire.

Sur les écrans, le monde entier découvre, stupéfait par la force des images, les rues désertes de Rome, le dimanche 22 mars 2020. Sur les places de la capitale italienne, pas un bruit. Du haut du ciel, d'un seul coup, sonnent les cloches des églises et des basiliques, non pour appeler les fidèles au rassemblement, mais pour inviter au recueillement et à la quarantaine. Pendant que la musique religieuse résonne pour une population invisible et calfeutrée chez elle, quelques policiers mobilisés contrôlent les rares passants qui circulent furtivement dans les ruelles, se hâtant de rentrer chez eux.

Image frappante, bouleversante, du silence qui tombe, d'un rideau qui recouvre les agitations et les bruits quotidiens de la foule. Alors que la deuxième vague commence déjà à se déclencher de l'autre côté de la planète, sur le continent asiatique, les vespas italiennes ne circulent plus. Les rires et la musique des mandolines se font désormais en hauteur, comme venus du ciel, au-dessus des rues et des maisons : la vie s'installe maintenant sur les balcons et les terrasses des maisons.

Non loin de là, résonne seule une autre musique, la voix du ténor de Toscane, Andrea Bocelli, à l'intérieur de l'immense Duomo de Milan, entièrement vide. Pour célébrer le dimanche de Pâques, le célèbre chanteur lyrique italien donne un concert en streaming, dans la cathédrale déserte, en chantant plusieurs airs sacrés, l'*Ave Maria* de Gounod, le *Sante Maria* de Mascagni, avant de conclure par le cantique chrétien *Amazing Grace*. Une communion collective, à distance, accessible et partagée par Youtube interposé.

Expérience universelle du vide et de l'arrêt, du silence et de la suspension. Au même moment, une autre image, aussi forte et bouleversante, celle de l'esplanade entourant la Kaaba, lieu le plus saint de l'Islam, au cœur de la grande mosquée de La Mecque, en Arabie saoudite, désormais complètement déserte.

Qu'est-ce qui se joue dans cet arrêt, ce retrait, cette interruption ? Trois niveaux se dessinent : le plan métaphysique, l'aspect pragmatique et la dimension psychologique.

Sur le plan métaphysique, l'immobilité du temps causée par la pandémie apparaît au premier regard comme la négation même du temps, une contradiction impensable, inimaginable. La fin de l'infini, au sens de son terminus complet, ne peut pas avoir lieu. Le temps n'a pas de limite. Or, avec la pandémie, nous vivons une expérience étonnante, celle de l'arrêt du processus, de la clôture de l'épanouissement existentiel. Vivre la pandémie, c'est la suspension de la vie au cœur même du vivant. Avec l'épidémie de coronavirus, l'humain est amputé de ce qui fait le sel de l'existence, sa raison d'être, le vital existentiel, qui s'incarne notamment dans le contact avec autrui comme facteur de construction personnelle et d'élan commun.

Le domaine sportif incarne cette dimension métaphysique, où stopper le temps revient à bloquer tout échange existentiel vital : l'activité sportive avec les autres incarne l'effort, la compétition, le jeu ; autant d'éléments qui portent le signe d'une intégration de l'individu au sein du collectif. Lorsque, par exemple, le 19 décembre 2020, le club de rugby de Bayonne est touché par le variant anglais du Covid-19, après un match face à Leicester, tout est stoppé. C'est l'essence même de la rencontre, de l'échange, de la relation, qui est brisée, mise à l'arrêt, détruite.

Sur un deuxième plan, de manière pragmatique, si l'on considère l'existence comme l'ensemble des activités extérieures et sociales, où le mouvement continu et ininterrompu serait la ligne principale d'une existence ordinaire et d'un travail épanoui, quel est l'impact de la pandémie ? Stopper les activités professionnelles signifie ici mettre un terme aux rythmes, aux cadences, aux mouvements collectifs et individuels. Après l'essence même du temps (première dimension), c'est le mouvement ordinaire du travail qui est ici en question (deuxième dimension). Bien avant la robotisation de la société et le numérique connecté à tout-va, le chef-d'œuvre de 1936 de Charlie Chaplin, *Les temps modernes*, dépeint un univers aliénant, celui de la chaîne de montage, qui déshumanise l'activité. Entre un travail à la chaîne, exploitation absurde, et la cessation d'activités pour cause de pandémie, rupture violente, quelle alternative ?

Sur ce plan pragmatique, qui est celui du travail, un enjeu essentiel : dans le contexte du Covid-19, l'avenir des jeunes est sans doute le sujet le plus préoccupant. L'emploi précaire affaiblit l'économie d'une nation, et le monde du travail est la caisse de résonance de la survie d'un peuple. Dans le contexte de menace salariale et de disparition de nombreux secteurs d'activité, il faut saluer le courage de trente-cinq chefs d'entreprise qui, le 2 janvier 2021, signent une tribune dans les médias pour proposer « 100 000 postes avant fin janvier » pour les jeunes, malgré la crise ou, plutôt, pour réagir face à la crise. Il faut retrouver une énergie commune et un désir collectif. L'optimisme et le pragmatisme manquent cruellement en ce tournant des deux (premières) années de l'épidémie, et le geste économique de relance et la création d'espoir pour l'emploi sont un flambeau lumineux dans la pénombre actuelle.

Au niveau psychologique, le troisième moment envisagé, ici, permet de revenir un instant sur notre vie ordinaire bousculée par l'épidémie, existence faite d'allers-et-retours et de va-et-vient, marquée par une circularité effrénée de nos corps et de nos esprits. Le ravage par le coronavirus oblige à s'interroger sur le sens profond de nos activités. Des études médicales montrent régulièrement le niveau de stress procuré par les embouteillages quotidiens aux automobilistes coincés dans leur voiture, obligés de se rendre sur leur lieu de travail, entre fatigue, pollution et saturation. Prise dans l'engrenage « métro - boulot - dodo », notre existence, prisonnière de ses rythmes imposés, apparaît souvent vaine et superficielle. Si le rythme de la vie ordinaire est déjà une contrainte forte sur la santé mentale et le bien-être des citoyens, on peut imaginer combien le rythme imposé par le Covid provoque de ravages dans l'affect psychologique humain. C'est une catastrophe annoncée.

Peut-on aussi y voir une libération ? Cette piste peut être intéressante, dans la mesure où le rythme de l'épidémie questionne le rythme de nos vies : l'arrêt des agitations ordinaires pourrait signifier la découverte d'un nouveau mode de rapport à la culture et à la nature, à l'espace et au temps. Peut-être même le début d'une nouvelle existence ? Pour les uns, la mise en quarantaine sera toujours vécue comme un renoncement de soi et un sacrifice de sa liberté, bien sûr ; pour les autres, cependant, elle peut devenir l'occasion d'une transformation. Une manière de vivre autrement le rapport à soi, aux autres et au monde. Dans le vide sidéral imposé par le Covid-19, une lueur d'espérance peut, paradoxalement, surgir du néant.

Au cœur du psychisme

S'il est, d'ordinaire, difficile de connaître le sens profond de nos désirs, le secret qui se trouve au cœur de nos choix et de nos souhaits, la pandémie mondiale commencée en 2020 perturbe les décisions et les actions. L'arrivé du Covid renforce le doute et les interrogations.

Faire la part des choses entre l'envie manifeste (en surface) et le désir véritable (souterrain), entre le souhait apparent et le projet caché, demande une approche de soi, qui remette en question les évidences, souvent trompeuses. La relation entre le vécu et le ressenti est souvent une apparence, source d'illusions et de tromperie sur son propre projet de vie. Parfois, c'est d'ailleurs le sens de cette démarche thérapeutique : le regard de la psychanalyse sur l'expérience individuelle et collective permet d'apporter un éclairage complémentaire et indirect à nos projets premiers.

Dans la psychanalyse, ce qui se joue notamment, de manière fondamentale et profonde, c'est la dualité entre deux tensions, vécus de manières différentes d'un individu à l'autre. Cette tension qui s'apparente souvent à un déchirement, c'est l'écart entre la pulsion de vie et la pulsion de mort, entre *Eros* et *Thanatos*.

Penser les effets de la frustration provoquée par le Covid-19 sur le développement de la *psyché* humaine, entre le désir et la contrainte, entre l'excès et la limite, est au cœur de la démarche psychanalytique, qui double sa visée thérapeutique, *soigner*, par un questionnement philosophique, *comprendre*.

Qu'est-ce que l'humain ? Prisonnier de ses contraintes extérieures, l'individu est également pieds et poings liés par son psychisme intérieur, tout aussi contraignant. Comment le sujet humain aborde-t-il la réalité, depuis son inconscient, et peut-il accepter sans contrepartie de se soumettre à des impératifs, à la fois intérieurs et extérieurs à lui ?

Sans remonter nécessairement aux premiers textes fondateurs de la psychanalyse, il est intéressant de consacrer une réflexion aux écrits tardifs et conclusifs de Freud, lorsque le père de la psychanalyse aborde, de manière frontale, les enjeux sociaux, politiques, économiques et culturels de son époque. Cette dimension de la pensée freudienne éclaire utilement le monde pandémique que nous traversons, la société du temps présent.

Il faut rappeler que le freudisme se développe au moment d'une période de fortes tensions, sur le plan de l'exacerbation nationaliste et de l'expansion populiste. Il faut dire également que le développement de la pensée psychanalytique est contemporain de l'expansion du capitalisme industriel, à travers le machinisme, le taylorisme et le fordisme des années 1920. C'est l'époque moderne de l'ouvriérisme de masse, dans les chaînes de montage, sous la pression incessante des cadences de production. Déjà à cette époque, la deuxième Révolution industrielle place au cœur du marché en voie de mondialisation, au cœur d'un processus économique sans limites, l'image du consommateur. Le boom du secteur économique, basée également sur l'exploitation coloniale et la domination des nations européennes sur le reste du monde, a comme contrepartie l'obsession de satisfaire le client et de susciter chez lui l'essor de la consommation de masse. Passion de la standardisation et innovation consumériste vont de pair.

Sans dévaloriser aucunement l'apport freudien, c'est ici un simple rappel historique, que de considérer que la naissance de la psychanalyse a lieu en même temps que celle du réfrigérateur, de l'aspirateur, de la radio, de la machine à laver, du linoléum ou de la plomberie d'intérieur. L'une est peut-être arrivée en réaction à l'autre. Consommer, puis déprimer ; jouir de la dépense, souffrir ensuite de l'excès : l'idéal mondial de l'époque semble le modèle de la famille américaine consommatrice. Avant même les trente glorieuses, étape supplémentaire dans la surconsommation et le gaspillage, sans aucune conscience environnementale et sans souci écologiste, le progrès par l'achat de produits fabriqués en grand nombre devient l'étendard du monde moderne, libre et individuel.

En réaction, la psychanalyse doit affronter ce fait social : la réalité historique de l'expansion de la classe bourgeoise, de la classe moyenne, société des principaux consommateurs.

Freud n'a pas détourné le regard et a compris la chute de la Maison Consommation. Il affronte cette folie sociétale, au cœur des démocraties fragiles et vacillantes. De part et d'autre de la crise économique internationale de 1929, provoquée par le terrible krach boursier, Freud analyse la situation préoccupante mondiale de l'époque.

En 1927, *L'avenir d'une illusion* entend prendre du recul pour comprendre la société de son temps, afin « de se demander quel destin ultérieur attend cette civilisation et quels changements elle est destinée à subir », interroge Freud. Trois ans plus tard, *Malaise dans la civilisation* conclut en 1930 par l'esquisse d'une analyse de la névrose sociale, de la violence collective et de la pathologie des communautés de ladite civilisation moderne. « Qui peut prédire le succès et l'issue ? », se demande alors Freud, très inquiet sur l'avenir de notre monde. Et aujourd'hui, sommes-nous si loin finalement de ces résultats inquiétants, qui nous parlent en effet comme si Freud s'adressait à nous ?

La question du pronostic vital de notre monde, engagé dans la pensée freudienne, se présente aujourd'hui avec la même force, avec la même urgence. Crise écologique, crise économique, crise populiste. Les pathologies du monde moderne n'ont pas changé, les déviances et les dérives sont toujours les mêmes. L'histoire se répète-t-elle ?

Le père de la psychanalyse ne se contente pas de diagnostiquer la société névrosée qu'il a en face à lui, pour tenter ensuite de soigner psychiquement la population et d'envisager des solutions thérapeutiques nouvelles. Il essaye aussi de comprendre jusqu'où l'angoisse croissante de ses contemporains peut conduire l'humanité. La question est massive : les sociétés civilisées sont-elles capables de dominer la pulsion destructrice susceptible de les mener à leur perte ?

Soulignons-le avec force, *Malaise dans la civilisation* est publié en 1930, dans un contexte historique marqué de plusieurs crises et catastrophes : les désillusions et déceptions de l'après-guerre, la montée des fascismes en Europe et les ravages du krach boursier de 1929, avec tout ce qui s'ensuit en termes de malaise, de mal-être, de dépression et de misère. Un ravage psychique et un danger politique, après un marasme économique. Moins d'un siècle plus tard, n'est-ce pas là précisément l'état de notre monde aujourd'hui ?

Pour Freud, l'illusion dangereuse, dans laquelle se réfugient les individus, tient sa ténacité interne du désir morbide dont elle procède. Le père de la psychanalyse n'envisage pas l'individu uniquement comme l'être rationnel, raisonnable et singulier qu'il rencontre dans son cabinet de consultation, auprès de qui il interroge la psyché individuelle, l'angoisse personnelle et les rêves de la nuit passée. Freud sait que le collectif prime sur le singulier. Il a également le souci du bien-être commun et des problèmes généraux qui touchent toute la société, envisagée comme espace collectif et social interdépendant.

Comment Freud peut-il nous aider aujourd'hui à comprendre le monde pandémique et viral qui nous entoure ?

Lorsqu'Emmanuel Macron s'exprime face aux Français le 31 décembre, c'est la neuvième allocution présidentielle télévisuelle de l'année 2020. Assis dans un fauteuil près d'une table basse, derrière lui un coin cosy, où l'on distingue l'âtre d'une cheminée sans feu, il présente ses vœux aux citoyens pour la nouvelle année. Alors qu'il rend hommage à Lucas, 11 ans, de Béthune, qui a offert sa tablette aux personnes âgées, ou qu'il salue Mauricette, la première Française vaccinée contre le Covid-19 quelques jours auparavant, le discours du Président martèle quelques rengaines habituelles. Dans un ton affectueux, mélange de compassion directe et de résignation moralisatrice, le chef de l'État formule : « J'ai pleinement conscience des sacrifices que je vous demande. » Les mots « vulnérabilité », « résilience », « boussole pour les années à venir » ou « sacrifice » reviennent dans la bouche du Président. Les termes choisis par Emmanuel Macron résonnent étrangement à l'écoute freudienne, cette écoute singulière qui tend l'oreille afin de mieux percevoir la musique politique du discours. Comme dans la fable *Les poissons et le berger qui joue de la flûte*, où le jeune pâtre utilise le leurre de « paroles miellées » comme appât d'un langage profane, pour piéger et attraper les poissons.

Comme à l'écoute des paroles d'Emmanuel Macron, Sigmund Freud prend en compte la mesure des sacrifices que la société exige auprès des citoyens. Freud est sensible à la souffrance sociale produite par les difficultés économiques. Parler de « sacrifices » nécessaires ou inévitables, comme le demande souvent l'ensemble de nos responsables politiques, cela implique une contrepartie. Le sacrifice vain est une perte sans compensation : c'est une démarche difficile à accepter. Le souci d'éviter le sacrifice serait une réponse censée de Freud à l'ensemble des pouvoirs publics. Que recevront en échange celles et ceux qui, dans la population, acceptent de se « sacrifier » ?

Lorsque les bénéfices matériels font défaut, et que la société est en pleine crise, c'est la raison d'être des sacrifices exigés qui se trouve compromise : « Il va sans dire qu'une civilisation qui laisse insatisfaits un si grand nombre de participants et les pousse à la révolte n'a aucune chance de se maintenir durablement et ne le mérite pas non plus », dénonce Freud dans *L'avenir d'une illusion* en 1927.

De son côté, l'originalité de *Malaise dans la civilisation* réside dans un texte sur la société moderne qui ne se réduit ni à l'éloge béat ni à la critique hostile. Freud ne veut pas se complaire dans le regret, geste inutile et malsain, devant le déclin de son époque. Il ne limite pas son regard à une apologie du retour, ou à la nostalgie de la splendeur passée. Refusant le trop facile « C'était mieux avant », Freud présente un paradoxe au cœur de la société : la civilisation nous expose à la souffrance en même temps qu'elle nous en protège.

Un exemple, parmi d'autres, du sacrifice politico-culturel exigé aux individus par une civilisation : la restriction de la vie sexuelle et personnelle, la mobilisation sociale de la libido, pour consommer et échanger avec autrui, en vue « de renforcer le lien communautaire par des relations d'ordre amical ». Pour créer davantage de participation, « la civilisation entend relier les membres de la communauté par des liens d'ordre libidinal », écrit Freud.

Pour se protéger autant que pour se construire, la culture humaine, comme société, histoire et civilisation, ensemble d'usages et de mœurs, met en place un système de contraintes. En 1920 comme en 2020, cette *politique du renoncement*, évoquée dès les premières pages du présent chapitre, et déployée par Freud dans son analyse, est destinée à favoriser le détour pulsionnel, à le rediriger vers d'autres buts et objectifs. En faisant ce commentaire, Freud s'adresse directement à nous : par la *politique du renoncement*, il s'agit toujours de renforcer la pression sociale sur les individus.

Avec l'expérience du confinement, imposé à près de la moitié de la population mondiale à partir de la mi-mars 2020, pour lutter contre l'expansion du virus, on se rend compte combien le confinement suit la logique freudien de l'interdit. On mesure la réaction parfois virulente de certains individus, face aux interdits imposés par la loi : pourquoi autant de protestations contre les mesures restrictives de déplacement et de mouvement ? Refus pour certains de porter le masque, ce qui provoque des cohues dans le bus ou le métro ; volonté chez d'autres personnes de se promener plus longtemps que l'autorisation ne le permet, dans les parcs et les jardins publics, dès qu'apparaît le premier rayon de soleil dans les espaces urbains et citadins ; fêtes clandestines pour d'autres encore, d'une durée parfois de 36 h réunissant 2 600 personnes, au moment fort du couvre-feu national.

Refusant les contraintes, l'être humain joue-t-il avec le feu, avec le couvre-feu ?

L'exemple le plus frappant est la multiplication des amendes et des contraventions, pour circulation non autorisée ou sortie sans attestations. Ce qui montre combien le refus des contraintes est fréquent. En décembre 2021, le ministère de l'Intérieur comptabilise environ 200 000 faux passes sanitaires en circulation en France.

Lors du premier confinement, les forces de l'ordre réalisent en France 21 millions de contrôles pendant 55 jours au printemps 2020. La verbalisation par la police et la gendarmerie nationales sur le territoire comptabilise 20 000 contraventions quotidiennes en moyenne. Alors que les attestations sont à la disposition des citoyens sur le site du ministère de l'Intérieur, et que les règles de civisme, de sécurité et des responsabilité sont régulièrement rappelées, Christophe Castaner indique 1,1 million de contraventions pendant cette période. Comment expliquer le nombre si élevé de sanctions, parmi la population française ?

Se figer et rester chez soi sont certes le meilleur rempart contre la maladie – le raisonnement humain le plus élémentaire y conviendrait aisément. L'expérience du huis clos imposé à la population mondiale est malgré tout un renoncement difficile, et la pulsion humaine résiste à ce diktat. Si « l'enfer, c'est les autres », célèbre ritournelle sartrienne déjà évoquée, *l'enfer, c'est aussi soi-même* : en l'occurrence, ici, le sentiment d'une liberté entravée, insupportable pour l'ego, le moi, le centre individuel de la personnalité. La maîtrise de soi impose au corps une loi trop contraignante, et le corporel se libère par des pulsions ou des violences.

Freud avait déjà tout compris : même si les personnes raisonnables trouvent dans la « culture » une protection contre les forces menaçantes et destructrices de la « nature », les individus n'en demeurent pas moins hostiles aux privations que leur impose la société, notamment dans le domaine des relations humaines. Un reste, par exemple, de l'esprit libertaire des mouvements de Mai 1968 ? « Il est interdit d'interdire » ou « Jouir sans entraves », ces mots d'ordre seraient devenus tout simplement incompatibles avec l'esprit de mars 2020. Alors que le bon sens nous y invite, la pulsion humaine semble refuser la privation comme frein à l'épidémie ; rejeter la distance et la séparation comme protection et générosité vis-à-vis d'autrui ; empêcher le repli confiné sur soi comme ouverture en direction du bien commun.

Bien comprise dans l'esprit freudien, la politique du renoncement a pour objectif de surmonter et de canaliser les frustrations de toute sorte. Chacun devrait pouvoir l'accepter, et même la défendre autant que la respecter. Car le lieu et le lien de la Relation recoupent un ensemble de valeurs malgré tout fondamentales, à l'inverse du geste purement égoïste ou de la seule jouissance individualiste : le bien-être collectif, le souci d'autrui, le respect de la morale, ces trois balises sont des repères qui inscrivent les pas à suivre vers le confinement sanitaire.

Tel est le personnage frustré de Lucien Fleurier. Antihéros de *L'enfance d'un chef* de Sartre, nouvelle écrite à la fin des années 1930, pour expliquer le trouble social des années 1920 qui mènent un être ordinaire mais frustré tout droit de la banalité au fascisme, tout se joue pour lui, ou presque, dès l'enfance.

Découvrir le fondement d'un comportement dans le modèle originel constitué pendant l'enfance permet de s'interroger sur ce qui se prolongera plus tard chez lui, à l'âge adulte. Cette frustration, infondée mais réelle psychiquement, s'incarne alors dans les idées populistes, haineuses, politiques de rejet ou idéologies nauséabondes de toute sorte. Si le sujet humain a besoin du sacré, explique Régis Debray, il cherche aussi refuge dans diverses idoles ou divinités, précise Freud, païennes et fanatiques : le pouvoir, l'argent, la domination, etc. Cette quête insensée donne à celui qui s'y livre l'illusion d'y trouver le moyen d'assurer un dédommagement vengeur, du fait des contraintes et restrictions que la culture, la société ou la morale lui a imposées.

Nous le comprenons peu à peu tout au long de ce chapitre, la discipline du confinement s'apparente à un art du renoncement. Cet art, la société n'y est pas bien préparée.

Renoncer relève d'une contrainte ancestrale, alors que nous l'expérimentons aujourd'hui sous une forme nouvelle et paradoxale : notre monde moderne est devenu sans limites. Nous en faisons la difficile expérience, du fait des débats de la COP26. Dans la rue, en novembre 2021, des milliers de personnes de la société civile se rassemblent, pour réclamer une « justice climatique », alors qu'au même moment, les dirigeants des grandes puissances sont incapables de trouver des solutions, pour limiter la pollution. Les engagements pris par les États pour réduire les émissions de gaz à effet de serre d'ici 2030 se sont avérés largement insuffisants. Un réchauffement à 2,7 °C reste la trajectoire d'une « catastrophe climatique », selon l'ONU.

La difficulté de s'imposer des contraintes nécessaires, nous en prenons aussi pleinement conscience au moment même de la limitation utile de nos déplacements, pendant la pandémie, limités à une raison médicale ou à l'achat de produits de première nécessité.

D'autres chiffres complètent l'état des lieux et la situation déjà commentée. En France, pendant un mois, entre le 16 mars et le 17 avril 2020, le nombre d'amendes pour non-respect du confinement s'élève à 800 000 contraventions pour refus des mesures de confinement obligatoire et pour rejet de la limitation des déplacements. Ces verbalisations pour infraction montrent que, dans le domaine des relations sociales humaines, l'hostilité aux privations et aux interdits représente un des traits psychologiques les plus anciens ou archaïques de l'humanité commune.

Comme tout animal, l'être humain a besoin d'être protégé depuis sa naissance des dangers de la toute-puissance de la nature (épidémie, virus, cataclysme, catastrophe). À la différence près que, pour la créature anthropienne, un narcissisme égoïste l'empêche de concéder toute contrepartie. Il ne veut pas avoir à supporter les contraintes, limitations et privations obligatoires. L'entrave à sa liberté lui apparaît intolérable, même si la limite et la mesure lui sont apportées par l'éducation et le bon sens, la rationalité culturelle et la loi commune, la décision médicale ou le respect légal, en réponse à tous les dangers qui le menacent.

Avec le recul sur l'année 2020 écoulée, il est clairement aberrant, voire presque suicidaire, de se poser la question : vais-je accepter de porter un masque dans les transports en commun, même si le port d'un masque chirurgical ou en tissu gratte le visage ou gêne à cause de la transpiration ? Cela paraît tellement aller de soi : le bien commun l'exige.

Pourtant, il est intéressant de rappeler que c'est seulement depuis le 1er septembre 2020 que le port du masque est obligatoire en France dans les lieux clos, pour toute personne âgée de 11 ans et plus. Dans les lieux ouverts, rue, marché ou parc, la qualification de « zone à risque » est à la libre appréciation de chaque commune, et relève d'une décision locale, prise par le maire ou le département. Or, nous avons assisté à la contestation de ces arrêtés préfectoraux concernant les lieux ouverts par les tribunaux administratifs, réclamant alors des exceptions pour des personnes pratiquant des activités physiques ou sportives.

Quelques jours après ces joutes juridiques, l'Académie nationale de médecine est montée au créneau, en proposant que les lieux clos et les espaces ouverts soient soumis au même usage du masque pour toute la population, sans distinction. Seulement, cette noble institution fondée par Louis XVIII deux siècles exactement avant l'apparition du Covid-19, en 1820, n'a aucun pouvoir : les cent-trente-cinq membres titulaires de l'Académie ne peuvent que recommander, souhaiter ou encourager. Rien de plus. Surtout pas d'obligation.

La question des gestes barrière est aussi un sujet politique. La question est essentielle, malgré son aspect anecdotique ou secondaire : suis-je capable de respecter les mesures sanitaires de prudence élémentaire ? Ne pas saluer d'une poignée de main amicale le sympathique collègue croisé dans les couloirs de l'entreprise ; ne pas faire d'accolade familiale avec un oncle ou un parent charmant, revu lors des fêtes de fin d'année ; ne pas réaliser un hug affectueux avec ses enfants en fin de journée...

On se souvient de l'importance du toucher et de la chair, du chiasme et de l'entrelacs, dans la phénoménologie, aussi bien chez Merleau-Ponty (*Le visible et l'invisible*) que chez Levinas (*Totalité et infini*). On se souvient aussi de cette célèbre citation : « Je ne vois pas de différence entre une poignée de mains et un poème. »

Si chacun peut trouver aujourd'hui ridicule de poser la question du geste barrière, plusieurs exemples ordinaires viennent remettre en question ou nuancer le bon sens de la vigilance civique. L'actualité sociale confirme que les réfractaires sont nombreux.

Il suffit de regarder les rassemblements publics qui ont lieu pendant l'année 2020, alors même qu'ils sont interdits : bien sûr, l'entassement de population dans le métro ou transport en commun est à déplorer, même s'il est inévitable pour celles et ceux qui se rendent au travail. Faire respecter la distance sociale d'un mètre dans les transports en commun est « irréaliste », concède le 11 mai 2020 Patrick Jeantet, président de Keolis, une société de transports qui exploite métros, tramways et bus dans de grandes villes de France, Lille, Lyon et Bordeaux. Par contre, les plages bondées, les brocantes prises d'assaut et les marchés surpeuplés, les files d'attente aux caisses des supermarchés, les rassemblements en plein air, les festivités ou mariages organisés sont un danger pour la population.

Face au constat de ces dérives, le 11 août 2020, le premier ministre Jean Castex et la préfecture de police de Paris annoncent l'interdiction des « manifestations de plus de dix personnes », qui ne garantissent pas le respect des « mesures barrières ».

S'appuyant sur les virologues et les épidémiologistes, l'ancien locataire de Matignon, Édouard Philippe, met déjà en garde en mai 2020 sur les limites du nombre de personnes invitées chez soi ou réunies dans un lieu privé. De son côté, le président de la République évoque « la règle de six » et souhaite la mise en place d'une « bulle sociale » pour freiner l'accélération de la propagation du virus.

Mais, face à ces mesures politiques, le témoignage des citoyens montre une véritable rébellion : dans une enquête du 13 octobre 2020, le média français du *Huffington Post* cite de nombreux Français hostiles à cette intrusion : « Chez moi, pas de masque, pas de limitation du nombre de personnes », ou plus loin « S'il y a bien un lieu où l'État n'a pas son mot à dire, c'est mon domicile », et encore « Nous habitons en zone alerte renforcée, nous sommes invités à un anniversaire familial, huit adultes et sept enfants en intérieur. Je n'ai pas envie de prendre le risque de contaminer ou de l'être, mais la famille va hautement se vexer si je décline l'invitation. »

Ces témoignages inconséquents et irréalistes sont le reflet d'un contaminer-ensemble, à l'opposé du vivre-ensemble, et incarnent l'instabilité du sentiment humain analysée par Freud.

Oui, nous voulons tous vivre en sécurité, éviter le risque et empêcher les dangers mortels, comme pour la catastrophe environnementale. Et, dans les faits, non, tout le monde refuse de porter soi-même le poids contraignant des limites sur ses épaules. Réduire la liberté, en temps de virus, est-elle une frustration trop difficile à supporter ?

Aux États-Unis, pendant l'année 2020, la campagne des élections américaines a été fortement perturbée par la crise sanitaire. Les mesures de distanciation sociale se sont mélangées aux gestes de revendication politique. Une étude de la Boston Business School réalisée sur 2 300 individus des deux principaux bords politiques, démocrates et républicains, montre que beaucoup d'Américains refusent de porter le masque et de suivre les consignes de limitation, en raison de leur attachement idéologique au libéralisme ou au conservatisme. Dans un pays où la liberté est un bien à protéger, la prévention publique paraît ici profondément inefficace.

Les tractations entre liberté et sécurité

Freud a bien compris le dilemme au cœur du psychisme humain, entre sécurité et liberté.

Cette question tourmente déjà le philosophe Thomas Hobbes (1588-1679), bouleversé par la violence des événements contemporains auxquels il assiste dans l'Angleterre de son temps, le poussant alors à construire une philosophie politique par temps de désordre.

Inquiet face aux violences, Hobbes élabore le concept du Léviathan : comment avoir l'esprit tranquille et préserver le sentiment de sécurité ? Dans ses rapports avec autrui, chaque individu, argumente Hobbes, est déterminé par trois passions : « Nous trouvons dans la nature humaine trois causes principales de querelle : la rivalité, la défiance et la gloire. » Et en pleine crise du Covid-19, où l'épidémie circule d'un potentiel porteur du virus à l'autre, nous retrouvons l'idée majeure développée par Hobbes : dans les relations humaines, autrui peut être perçu comme une menace constante pour ma propre vie. Alors la défiance s'insinue, autrui commence à m'obséder et je crains de plus en plus sa présence redoutable. Et la société s'enfonce dans une crainte qui tenaille. « L'homme est un loup pour l'homme, *Homo homini lupus est* », conclut Hobbes dans une formule devenue célèbre.

De son côté, Freud nous montre comment la crainte obsessionnelle et la jouissance sans entrave sont les deux faces réversibles d'une névrose identique. Si le psychanalyste nous met en garde, ce n'est pas du tout de manière moralisatrice, mais sur un simple plan purement psychique : refuser le geste barrière et se replier sur l'intérêt seul de sa personne, dans les deux cas, il ne peut s'agir que d'une illusion mentale. Sans faire de pédagogisme ou de moralisme, le recours à une interprétation illusoire des événements du réel n'est ni faux ni erroné au sens rationnel des termes, explique Freud. Ce recours est simplement profondément humain et psychologique, comme une carapace de protection. Ce geste se caractérise par le fait d'être le produit de son désir ou de son fantasme.

De quel geste psychique parle-t-on ici ? L'illusion que les contraintes sanitaires ne sont valables que pour les personnes âgées, par exemple, et qu'il est facile de passer entre les gouttes, caractérise une partie importante de la population. Certains individus sont en effet persuadés que, sans le moindre effort, il est facile d'éviter toute contagion, et de rester en bonne santé, quoi qu'il arrive.

De manière plus étendue, Freud poursuit cette analyse argumentative dans *Malaise dans la civilisation*, en 1930. L'être humain est un être de jouissance. Et la recherche de la jouissance maximale ne peut jamais être atteinte, même si le principe de plaisir cherche à y parvenir par tous les moyens.

Soumise à la loi du surmoi, la conscience humaine accepte plus facilement l'expérience de la contrainte, le confinement mondial de 2020, si la décision provient d'un diktat extérieur. L'individu préfère une contrainte venue *d'en haut* – père, seigneur, chef, patron, directrice, présidente... –, une figure symbolique incarnant l'ordre légal, juridique et universel, plutôt que de devoir par lui-même se défaire de sa jouissance première.

L'hostilité du monde extérieur à notre égard et l'insatisfaction procurée par les relations négatives aux autres sont aussi des freins possibles à la jouissance. Il s'agit là, pour la période actuelle qui nous concerne, de la mission ministérielle qui consiste à augmenter les mesures de contrôle liées à l'épidémie de Covid-19, à la suite de la commission des lois du Sénat. Cette commission planifie l'organisation par les forces de l'ordre des 13 millions de contrôles de citoyens, effectués entre mi-mars et mi-avril par 100 000 représentants de l'État.

Cette mobilisation policière du fait du contexte sanitaire et ce renforcement sécuritaire mis en place pour réaliser davantage de contrôles ont un sens fort du point de vue freudien :

le principe de plaisir, « sortir du confinement », se soumet au principe de réalité, « maintenir le confinement ». C'est le conflit entre *Eros* et *Thanatos* qui se joue ici.

Moustapha Safouan, grand psychanalyste d'origine égyptienne, décédé en décembre 2020, a longuement pensé cette question de l'opposition entre principe de plaisir et principe de réalité. Il explique notamment la quête d'une jouissance sans limitations par le refus de la conscience de reconnaître la finitude comme réalité. Et dans son remarquable essai, *L'échec du principe de plaisir*, Safouan rappelle que Freud définit les pulsions comme « les représentants de toutes les forces qui s'originent à l'intérieur du corps », et qui se découvrent, dans le travail du rêve, comme processus primaires propres à l'inconscient. À l'intérieur de l'appareil psychique, principe de plaisir et excitations pulsionnelles se disputent le jeu de pouvoir et le trône de fer.

Un ami et collègue de Moustapha Safouan, grand psychanalyste lui aussi, qui s'appelle Lucien Israël, a travaillé également sur ces termes. Dans son séminaire de 1977-1978, *Pulsions de mort*, il propose de réfléchir à ces notions à partir de son cas personnel, lorsque ses cordes vocales furent infectées d'un type particulier de virus, une grippe peu commune. De cette expérience clinique, il élabore ensuite une réflexion sur le déplaisir du corps et sur l'investissement hédonique de la tension. Tendances réversibles et étroitement mêlées, qui produisent une libération d'énergie, conclut énigmatiquement Lucien Israël.

Lorsqu'il est confronté au monde extérieur, face aux obstacles imposés, l'individu adopte un double mouvement. D'un côté, il refuse de renoncer à son bonheur personnel, et il consent à ce renoncement, au bout du compte ; de l'autre, il recherche à tout prix une compensation qu'il ne trouve pas. Puis il abandonne sa recherche, alors qu'elle était le seul moyen à ses yeux d'atténuer les contraintes et de faire passer les renoncements.

Faire ses devoirs

En temps ordinaires, l'adaptation à la réalité extérieure s'incarne psychiquement à des degrés divers, de la simple névrose à la psychose lourde ou à la dépression grave. En temps de confinement, forcée de rester à la maison, au sein du foyer, la famille remplace l'État. Le pouvoir privé se substitue au pouvoir public, les adultes se font aussi bien coachs de vie, éducateurs, gendarmes, médecins, restaurateurs et instituteurs.

Au-delà de ses fonctions initiales, la cellule familiale doit également porter et supporter, parmi ses nouvelles attributions, les aspects contraignants de l'organisation sociale collective. Au sein du foyer privé s'ajoutent les règles de fonctionnement de l'ordre social ordinaire. Que se passe-t-il si les parents et les enfants vivent ensemble 24 h sur 24 ? Dans le contexte particulier d'une vie collective commune dans un foyer sans sortie ni vie sociale, alors oui le confinement perturbe la normalité des rapports de *classe*. Il faut entendre rapports de *classe* à la fois comme classe sociale et comme classe scolaire.

Il y a donc, pour paraphraser Freud, *Malaise dans le confinement*, car l'école à la maison est devenue obligatoire pour tous. Cette expérience forcée et inédite renverse les conventions, modifie les règlements, sans que les hiérarchies entre enseignant et enseigné, ou émetteur et récepteur, ne disparaissent pour autant. Ce changement brutal entre le privé et le public, l'intime et le social, où vos enfants deviennent vos élèves, est compliqué à vivre pour les familles, comme l'illustre la difficulté pour de nombreux parents d'organiser l'école à la maison.

Cet apprentissage à l'apprentissage – le fait que les parents deviennent enseignants – révèle des inégalités criantes de « capital culturel » dans la société, selon la terminologie de Pierre Bourdieu. Si aucun milieu social n'est épargné par les difficultés d'enseigner des cours à ses enfants à la maison, la transmission de l'héritage culturel varie, tant sur la forme (le vocabulaire approprié pour comprendre le monde qui nous entoure, et les méthodes pour assimiler un savoir) que sur le fond (livres, disques, films, références artistiques et scientifiques, éléments culturels disponibles dans la bibliothèque, virtuelle ou réelle, familiale).

Sur le plan scolaire – le suivi pédagogique en période d'arrêt des classes, au printemps 2020 –, le confinement est un échec. Faute d'organisation des structures pédagogiques de l'Éducation nationale, et par manque de préparation et de formation des enseignants, les classes virtuelles fonctionnent mal. Selon le ministre Jean-Michel Blanquer, environ 7 à 9% des élèves de primaire ont décroché pendant le confinement. Mais, d'après l'estimation réelle des instituteurs eux-mêmes, la proportion s'élève plutôt à 30% des élèves qui ont arrêté de suivre les cours et l'école virtuelle, faute de véritables conditions d'école à la maison.

Juste avant le confinement, en 2019, une étude faite par l'Institut national d'études démographiques (Ined) tirait déjà la sonnette d'alarme, sur l'échec à l'école et sur les inégalités scolaires, du primaire à l'enseignement supérieur. L'étude en question considérait qu'une approche analytique plutôt que normative permettait de ne pas attribuer toutes les difficultés scolaires des enfants aux défaillances familiales. On ne peut que reconnaître la pertinence de ce propos : il faut tenir compte d'un environnement global, et modifier plusieurs facteurs socio-culturels, pour espérer améliorer la réceptivité et améliorer la continuité sociale, entre l'école, l'éducation et le travail. Avec le confinement, quels outils conceptuels de sociologie générale mobiliser, pour comprendre le décrochage scolaire et la difficulté des méthodes pédagogiques ?

Une des réponses vient du fait que, si les enfants doivent faire leurs devoirs chez eux, les parents sont aussi dans la même obligation de travailler depuis leur domicile. Les difficultés sont donc dédoublées, et l'on voit la complication pour certaines professions de devoir improviser ici ou là un bureau de fortune, dans un espace parfois très exigu. Sans y voir pourtant le confort que représente le fait d'envoyer ses courriels de travail depuis chez soi – travailler devient presque aussi simple et pratique que de passer une commande alimentaire pour une livraison sur *uber eats* ou *deliveroo* –, en réalité, le confinement professionnel est une situation pénible pour les citoyens. Les contraintes s'ajoutent les unes aux autres, et font de l'environnement familial un lieu de travail compliqué.

Lors du confinement, est mal vécue la nécessité, pour chaque individu, de faire entrer dans le domaine privé et réservé aux loisirs et à la détente la dimension économique et sociale du principe de réalité, exercer son métier. Le télétravail est à ce titre un bon exemple. D'ailleurs, au départ, de nombreuses entreprises françaises et internationales sont réticentes à l'usage de cette méthode de travail délocalisé chez soi. Puis, au fur et à mesure, les réalités du coronavirus et du confinement font grimper fortement le nombre de télétravailleurs en France pendant la crise sanitaire : près de 50% de la population adopte le télétravail, après quinze jours de confinement, au tournant du mois de mars et du mois d'avril 2020. Avant même le Covid-19, en décembre 2019, déjà, la méthode est choisie, pour faire face aux grèves liées à la réforme des retraites et au mouvement des gilets jaunes. La France compte alors environ 25% de personnes qui travaillent depuis chez elles.

Pour mener à bien ce changement de lieu d'activité, le personnel salarié adapte progressivement son équipement fonctionnel. Se multiplient en France les achats et les commandes de logiciels et d'ordinateurs renforcés, afin d'expérimenter davantage le travail à distance.

Mais travailler à distance ne va pas de soi, et l'inquiétude freudienne se redouble : qui peut réellement travailler « à distance », écarté de son lieu de travail, éloigné de ses collègues et isolé devant sa visioconférence ? Difficile de se retrouver face à cette contrainte économique – alors que, en temps ordinaires, on rêverait facilement à ne pas avoir à partir tôt le matin, se déplacer chaque jour à travers des embouteillages, et l'on s'imagine souvent ne plus avoir à croiser tel collègue, sympathique mais pénible, à la machine à café.

La crise sanitaire conduit aussi à une crise des valeurs inattendue. La distinction entre métiers *essentiels* et *non essentiels* est au cœur des débats et des polémiques, et la culture (librairie, théâtre, cinéma, expositions, concerts, danse, festivals, spectacles, manifestations artistiques, médiathèques, bibliothèques, MJC, salles de loisir, activités sportives) souffre d'un manque cruel de soutien, de la part de la fonction publique. Combien de pétitions et d'appels à l'aide ont été signés, diffusés et publiés dans les médias, pour lancer une demande de soutien, de la part de l'État ?

Mais il arrive aussi que la société prenne conscience de l'importance de métiers précaires, souvent déconsidérés. On assiste alors à un retournement social, comme un juste retour des choses, dans l'échelle hiérarchique des fonctions exercées et des emplois pratiqués. Par exemple, des métiers jetables ou « robotisables », comme caissier ou préparateur d'entrepôt de e-commerce, se révèlent en temps de crise essentiels comme facteur d'équilibre et de cohésion sociale. Les petits boulots et les petites mains du textile, de l'industrie ou de la consommation, sont enfin pris en compte. Juste retour de bâton.

Déséquilibrant à nouveau la bascule entre principe de réalité (la frustration) et principe de plaisir (la jouissance), la crise du Covid-19 nous fait prendre conscience que les métiers traditionnels ne doivent pas disparaître, qu'ils sont essentiels à notre cadre de vie sur le long terme, malgré la privation personnelle que nous ressentons, sur le moment. Cette crise révèle à l'humanité son ambivalence : notre désir égoïste difficilement confinable, et notre besoin de solidarité et d'empathie, de contact et de proximité, facteur de bien-être.

Le travail à distance est-il humainement souhaitable, dans le futur ? La crise ne nous amène-t-elle pas, au contraire, à revenir au travail à proximité ?

L'ONU annonce qu'avec la dématérialisation du travail et la numérisation des tâches, le monde post-covid sera celui des entreprises de plateforme à distance. L'Organisation internationale du travail (OIT) organise un sommet mondial sur le monde du travail, en juillet 2020 : bien que le travail à distance ne soit pas nouveau en soi, la pandémie accentue ce processus, qui aura un effet durable dans l'avenir. Si l'autonomie est un avantage indéniable, affirme Manal Azzi, spécialiste principale de la Sécurité et santé au travail (SST), il y a des risques sur la santé mentale et le stress.

La violence sanitaire se double d'une violence sociale. En plein marasme économique, alors que les entreprises sont frappées par la crise du Covid-19, se pose la question cruciale du modèle économique que la société française va décider de suivre. Cette question du modèle à suivre – quel capitalisme pour demain ? – se pose dans la précipitation provoquée par l'épidémie, et en des termes d'une rare violence : quel travailleur est indispensable, et lequel ne l'est pas ? Quel métier est négligeable et supprimable ? Comment accélérer la flexibilité et la rentabilité ? Charlie Chaplin n'est jamais loin... La folie d'un Charlot standardisé non plus...

Le profit, le gain et l'augmentation des richesses, certains décideurs économiques n'ont pas d'autre question en tête, avant même de sortir de la crise. Certains estiment avec cynisme et cupidité que la crise peut être bénéfique, afin de se débarrasser de ce qui était encore trop encombrant dans le précédent modèle socio-libéral. Se demander si des professions sont nécessaires, s'il n'existe pas, dans l'anticipation de l'après-crise à venir, des métiers dont on peut se passer, c'est un signe de détresse politique autant que d'effroi social.

Chaque crise est prétexte, occasion et moyen en vue, ici, d'en finir avec le virus autant que, là, d'en finir avec les avantages sociaux.

Si les mesures d'aide, report de paiement des impôts, garantie de prêt et instauration de chômage partiel, ont été rapidement mises en place en avril par l'État – et il faut saluer ce courage politique –, ce qui représente tout de même une enveloppe débloquée par le gouvernement français de

360 milliards d'euros ; de leur côté, les PME, artisans, commerçants ou restaurateurs, souffrent sincèrement de devoir se séparer de leurs apprentis ou jeunes qu'ils ont formés puis embauchés. Au printemps 2021, une enquête de Bpifrance et Rexecode montre que 20% des PME qui réussissent à sortir de la crise craignent néanmoins de ne pas pouvoir avoir de fonds financiers pour la reprise. Beaucoup d'entre elles n'ont pas réussi à traverser le Covid, comme l'enseigne d'ameublement Alinéa, dont le siège social est à Aubagne, et qui se déclare en en cessation de paiements dès le 6 mai 2020.

Alors que les petites entreprises et les salariés se serrent la ceinture, les multinationales richissimes ferment leur site et sabordent la reprise de leurs propres usines, si un bénéfice plus grand est possible ailleurs et autrement. Selon une étude sérieuse de la banque italienne Mediobanca menée en novembre 2020, les grandes entreprises mondiales sont les hyper-vainqueurs de la pandémie : les géants numériques du web et du commerce en ligne, Amazon en tête, ont vu leur chiffre d'affaires exploser avec un bénéfice net de 22% sur les neuf premiers mois de l'année 2020. La grande distribution en ligne (Carrefour, Woolworths...) a écrasé les petites structures et les magasins implantés sur le territoire, avec une augmentation de 40% de leurs bénéfices. Enfin, le développement informatique du *cloud computing*, de l'intelligence artificielle et de la 5G a permis au secteur électronique d'augmenter son chiffre d'affaires de 15%.

Cette victoire écrasante ne produit en retour aucune largesse financière pour les gens exploités par cette course au profit ni générosité de leur part pour les familles en difficultés. Aucune magnanimité ni clémence envers le vaincu : les contraintes de plan de licenciement menacent plus que jamais les activités salariales les plus fragiles et les plus précaires. Comme si la pulsion de mort (dominer et s'enrichir) avait pour seul objectif d'écraser la pulsion de vie (faire preuve de solidarité et de soutien collectif).

De la violence sociale à la violence conjugale

Freud a parfaitement compris une autre situation ordinaire et terrible que nous vivons pendant la pandémie : l'explosion de violence et d'agressivité, qui surgit comme le contrecoup pulsionnel résultant des contraintes imposées. Il s'agit précisément de ce que *Malaise dans la civilisation* qualifie de « cruauté inhérente du genre humain », dimension dont l'actualité démontre la permanence : alors que le premier cas colombien de Covid-19 est détecté le 6 mars 2020 en Colombie, les services du gouvernement du pays constatent, en peu de jours, plus de soixante-dix agressions et attaques par des individus ou groupes armés sur les missions médicales en pleine pandémie.

Ce n'est, hélas, pas le seul pays où les personnels du secteur de santé sont violentés et victimes de discriminations. Alors que nous les applaudissons quotidiennement depuis nos fenêtres, les infirmières et infirmiers se font détruire leur voiture et dérober leurs masques de protection pendant les premiers mois de la pandémie. Les médecins sont également victimes d'agressions à leur domicile ou sur leur lieu de travail.

Dans un état de folie collective, alors que le confinement signifie restriction, modération et solidarité, les gens se battent dans les supermarchés pour tel ou tel produit de basse nécessité. Comment comprendre un tel rejet de l'humain en nous, une attitude aussi abjecte, une telle haine de l'autre ? Pourquoi la pulsion de domination et de destruction resurgit-elle en pleine crise sanitaire ?

Freud l'explique, à sa façon : l'objectif de la pulsion de mort est l'anéantissement de la pulsion de vie, et le destin de la survie de la civilisation est lié au devenir de cette cruauté.

Dans un troisième texte, un peu plus ancien, datant de 1921, *Psychologie des masses et analyse du moi*, Freud explique pourquoi certaines personnes, incarnant l'espoir et la vitalité, en un mot la vie, deviennent la cible de l'agressivité, elle-même manifestation explicite de la pulsion de mort.

Le psychanalyste viennois élabore la théorie des pulsions pour montrer que la culture a l'impératif absolu de dominer l'agressivité des individus, par l'intériorisation du surmoi, des interdits et de la conscience morale. Ce processus, parfois difficilement applicable chez certains individus, est la condition absolue pour contrôler les violences et la meilleure garantie de sauvegarde de l'espèce humaine.

Ce processus de sublimation des pulsions s'apparente à un double confinement : d'une part, un confinement intérieur, davantage psychique et mental, d'autre part un confinement extérieur et physique. D'un côté, l'esprit doit se confiner et se conformer, c'est la frustration psychologique. De l'autre, le corps doit se confiner et se discipliner, c'est la frustration matérielle. Mais, dans les deux cas, s'astreindre est absolument nécessaire, sinon la terreur peut faire basculer le monde dans un chaos incontrôlable.

Bien sûr, on l'a compris depuis le début de cette socioanalyse du virus, le docteur Freud est plutôt d'un tempérament pessimiste sur la nature humaine. Il n'en oublie pas pour autant l'empathie et la solidarité, qui existent encore malgré tout. Elles ne disparaissent pas de la surface du globe, à l'image de la Conférence des donateurs en ligne organisée en avril 2020 par la Commission européenne. Cette collecte permet de lever 7,5 milliards d'euros pour financer la recherche et le développement d'un vaccin contre le Covid-19.

Freud sait que l'humanité a des ressources insoupçonnées pour surmonter les crises et les catastrophes. Elle est capable de bien des miracles et des réussites, car la pulsion de vie inspire chacun, quel qu'il soit, à trouver des solutions alors que tout semblait indiquer que la situation vécue était sans issue. Freud l'écrit noir sur blanc, ce qui nous permet en le lisant d'espérer et d'envisager un bonheur possible, loin des collapsologues et des catastrophistes : « La civilisation est un processus au service de l'*Eros*, qui veut rassembler dans une vaste unité des individus isolés, puis, plus tard, des familles, des tribus, des peuples, des nations. »

Face à la mort et à l'épidémie, la civilisation devient le lieu où se joue, dans une étrange gigantomachie, la lutte entre *Eros* et *Thanatos*, entre pulsion positive de vitalité et pulsion négative de destruction. La civilisation a pour enjeu « la lutte vitale de l'espèce humaine », selon l'expression de Freud.

Peu de temps après la formulation de cette réflexion, un sociologue de premier plan prolonge l'analyse sur l'autocontrainte sociale, dans les pas de Freud. Il s'agit de Norbert Elias, qui publie en 1939 son livre le plus important, *Sur le processus de civilisation*. Il y retrace l'intégration progressive des normes de comportement dans la société occidentale en plusieurs siècles, comme un progrès vers la modernité. Cette explication du développement de la culture sur la longue durée fait comprendre les changements évolutifs des structures psychiques et sociales. Comme un complément historique et sociologique des thèses freudiennes, l'analyse par Elias montre l'avènement de la conscience sociale et la constitution d'une authentique psychologie sociale historique.

Tous les deux, Freud et Elias exposent, mais chacun à sa façon, la configuration relationnelle et non pas isolante des structures psychiques déterminant le comportement humain. Ce que ces deux penseurs réussissent à prouver, c'est l'interdépendance psychique et sociale, l'imbrication du naturel et de l'historique, du mental et du sociétal.

Au cœur de ce maillage psychologique et sociopolitique (rapports, structures et interdépendances des sociétés), se laisse découvrir l'évolution fragile et inachevée de l'expérience humaine : affects, émotions, sensibilité, normativité, personnalité, liberté d'esprit et modelage de comportement.

Dans un autre ouvrage, le volume *Au-delà de Freud*, reprenant explicitement des textes sur le prolongement socio-psychanalytique du progrès humain, Norbert Elias explique la façon dont « les conditions sociales et culturelles déterminent profondément les intérêts vitaux de chaque individu ». Ce livre expose, par exemple, la relation familiale et sociale qui se tisse à travers les liens entre les parents et leurs enfants. Loin de toute utopie et d'idéal illusoire sur le progrès, la morale ou l'évolution, le sociologue Norbert Elias y opère l'examen des contradictions et incertitudes contemporaines sur l'éducation, les relations adultes/enfants, le rôle des parents, en lien avec le processus culturel général de civilisation.

Pour Elias, le développement et la croissance d'un enfant associent conjointement la maturation biologique inséparable de l'apprentissage social et culturel. Et le parallèle entre l'évolution globale des « mœurs » et des « mentalités » et la sensibilité d'un enfant à la même époque dans une société donnée explique un équilibre de la balance des pouvoirs et des normes. Ce parallèle fonctionne également à rebours, pourrait-on dire, car l'augmentation des maladies psychosomatiques et sociales est proportionnée à l'évolution des modalités de contrôle de la violence physique.

On retrouve ici, développé et présenté sous des formes sociales et historiques, déjà présentes chez Freud en effet, le conflit psychique entre *Eros* et *Thanatos*.

Pour conclure sur ce parcours de Freud à Elias, de la psychanalyse à la sociologie, on voit qu'un thème commun se dessine. Il s'agit de l'analyse critique de la conception antagoniste des rapports entre l'individu et la société. Pour le docteur viennois comme pour le chercheur allemand, la violence et la destruction traversent et travaillent toute intériorité vivante. Bien sûr, le processus de pacification sociale a pour objectif de mettre la violence à l'écart, mais les penseurs ont tous deux conscience que l'intériorisation du penchant à l'agression, tel que le confinement l'illustre à sa façon en 2020, si elle est la seule issue avantageuse face au danger, n'est pourtant pas une voie choisie facilement, pour se protéger soi-même comme pour protéger autrui.

Civiliser le désir inassouvi, passer de l'état de violence à la société du droit et de la loi, à travers un processus de pacification sociale, n'est pas chemin aisé et ne se fait pas sans difficultés. Avec Elias, l'intériorisation signifie la progression d'une contrainte extérieure entre autrui et moi, point de départ d'un antagonisme externe, qui mène vers l'autocontrainte des individus, antagonisme interne cette fois.

À partir de l'indissociabilité du social et du mental – le désir de chacun n'est pas le désir de tous –, s'historicise peu à peu la topique psychique : l'expérience du confinement en est un parfait exemple. Contraints au renoncement, difficile et compliqué au départ, les individus intériorisent le jugement moral et la loi sociale. Cette nécessité suppose un puissant surmoi volontaire, qui joue le rôle de l'« officier de police » ou de l'« agent de contrôle ». On se souvient que, chez Freud, cette instance interne de régulation est comme « une garnison placée dans une ville conquise ».

Confiné, le sujet humain apprend à résoudre le conflit intérieur, en lutte avec lui-même, et le conflit extérieur, dans le territoire parsemé d'embûches qu'est devenue la maison commune, où enfants et parents, épouse et époux, frères et sœurs, doivent apprendre à vivre 24 h sur 24 en cohabitation. Quelles solutions sont possibles, pour atteindre une entente cordiale ? Loin des collègues de travail, grâce à l'activité salariale dématérialisée, la tension sociale s'invite au cœur du foyer familial, où les membres de sa famille deviennent des habitants avec qui l'on partage un foyer commun.

Par le recours à la parole, par le recours à des règles instaurées et choisies entre tous les membres du foyer, le droit s'installe peu à peu et habitue les individus de la maison à refouler leurs pulsions, à maîtriser leurs affects, et à adopter progressivement des habitudes de retenue et de distance dans tous les domaines de la vie quotidienne. Les solutions se dessinent peu à peu : partage des tâches, organisation des responsabilités, autonomie et complémentarité, souci d'aider et de participer.

Hélas, faut-il rappeler qu'en 2020, l'homme reste encore un être violent face à autrui, en particulier face à la femme et l'enfant : les services d'urgence ont enregistré à travers l'Europe une hausse allant jusqu'à 60% des appels de femmes victimes de violences conjugales, entre février et mai 2020, pendant le confinement lié à la lutte contre le coronavirus, alerte l'OMS Europe. Selon une projection de l'Agence des Nations Unies chargée de la santé sexuelle et reproductive (UNFPA), 31 millions de nouveaux cas de violence familiale sont à déplorer dans le monde au bout d'une durée de plusieurs mois de confinement.

La planète entière est frappée par ce fléau dramatique : les féminicides et les viols et les violences de genre sont en hausse constante pendant la pandémie. Au Mexique, par exemple, où plus de 90% des délits contre les femmes restent impunis, dix femmes sont tuées en moyenne par jour dans ce pays. Le huis clos imposé par le Covid a des conséquences dramatiques au Québec, avec une attitude meurtrière de maris violents. Le gouvernement a débloqué l'équivalent de 150 millions d'euros supplémentaires en avril 2021, et la vice-première ministre, Geneviève Guilbault, a lancé un appel pour dénoncer ces atrocités quotidiennes. Les chiffres sont accablants, et illustrent une situation macabre sans précédent dans le monde : en 2020, 736 millions d'adolescentes et de femmes de 15 ans et plus sont victimes de violence, le plus souvent par leur partenaire, explique Tedros Adhanom Ghebreyesus, directeur général de l'OMS. Un tiers des femmes dans le monde sont victimes de violences sexuelles et physiques. En Océanie, en Asie du Sud et en Afrique subsaharienne, près de 55% des femmes de 15 à 50 ans sont victimes de ce fléau de prédateurs.

On le constate hélas, la violence ne disparaît pas, en période de confinement. La pulsion de mort n'est pas encore domptée ou maîtrisée par la pulsion de vie.

Deuxième partie : Hans Jonas

LA PEUR EST-ELLE BONNE CONSEILLÈRE ?

Lorsqu'en janvier 2021, un an après le début de la pandémie, les États-Unis battent un triste record de décès et de contamination, avec, en une seule journée, 4 500 morts et 280 000 nouvelles personnes atteintes par le Covid-19, de nombreuses questions viennent à l'esprit. Et l'on se demande finalement si la politique, pas seulement celle des États-Unis, mais également la politique européenne, celle de la France incluse, et, au-delà, celle de toutes les démocraties au plan mondial, a mal su gérer la crise sanitaire ou, si, au contraire, la pandémie a révélé tout compte fait autre chose, à savoir la crise du politique, dont les acteurs, actrices et institutions se sont fissurés face à l'épreuve et devant les difficultés.

Le virus révèle-t-il la fragilité démocratique, ou la difficulté économique et culturelle que traversent les pays socio-libéraux est-elle causée par la pandémie ? Sans creuser bien plus loin, comment ne pas constater que, face au virus, l'exercice démocratique et la souveraineté populaire ont cruellement manqué.

La politique est une affaire de rythmes. Beaucoup de philosophes ont récemment critiqué l'accélération de notre monde, du penseur de la *société liquide* Zygmunt Bauman, au sociologue de la vitesse et de la *résonance* Hartmut Rosa. Oui, la lenteur est une vertu de la réflexion et de la prise de distance, pour éviter escalade, précipitation et folie frénétique.

Pourtant, ici, face à la propagation foudroyante du coronavirus et de ses variantes, ce sont bien la rapidité d'anticipation et l'ajustement des mesures de protection dans leurs tempos vifs et alertes qui s'avèrent les plus efficaces et qui ont justement manqué : la guerre contre le virus se gagne sur le terrain du temps. La lenteur est peut-être alors mauvaise conseillère.

Dans une mondialisation marquée par la concurrence effrénée, où les lois du marché obligent à une adaptabilité constante et une réactivité immédiate, le rythme d'action, et de réaction, est l'arme démocratique la plus efficace du XXIe siècle.

Pour aborder le volet politique du Covid-19, il faut d'abord définir le sens et la portée de ce que l'on appelle un « événement ». Au cœur des réalités, dans l'histoire concrète des sociétés humaines, on peut distinguer, d'un côté, ce qui relève d'une élaboration progressive, cohérente, volontaire, continue, à travers l'ensemble des éléments structurant le réel, et, de l'autre, ce qui surgit de manière improbable, une situation soudaine, aléatoire et inattendue. De l'interaction entre la structure et l'imprévu, à leur croisement, naît l'événement, formant à la fois liaison et déliaison, composition et recomposition.

Ordinaires ou extraordinaires, divers ou communs, les faits voient leur portée limitée, et finalement absorbée, par le cadre dans lequel ils ont lieu (quitte à modifier marginalement la structure, de manière à étendre ou renouveler le cadre en question). L'événement, c'est autre chose. Par son impact, dans son intensité, l'événement déborde le socle du contexte initial. Contrairement au fait, au fait divers, qui agit de manière interne sur ses conditions d'émergence, l'événement introduit un écart et bouscule la sphère dans laquelle il se produit. L'événement est un avènement : il révèle davantage que lui-même. Il bouleverse le regard que nous portons sur le monde et les conditions d'observation qui le permettent. Il contraint à une remise en cause de la structure qui l'a rendu possible. Le meilleur exemple en est le phénomène révolutionnaire, Révolution française ou révolution d'Octobre 1917, et le changement de paradigme sociétal qui a suivi.

Le second événement du XXIe siècle

Le 11 septembre 2001, le 11 mars 2012, le 7 janvier 2015, le 13 novembre 2015, le 14 juillet 2016 et bien d'autres dates d'horreur resteront à jamais gravées dans nos mémoires : les attentats ont meurtri les consciences et ont singulièrement modifié notre rapport au réel, au temps, à l'espace.

Parce qu'un événement est irréductible à aucune autre journée du calendrier, à ce titre, par son caractère exceptionnel, la pandémie de 2020 est un accélérateur événementiel, un déclencheur d'événements inédits. Avec l'arrivée du coronavirus, une série de réactions en chaîne imprévisibles et un processus hors-cadre ont bouleversé notre monde. Remettant en question les fondements éthiques et sociaux du socle politique sur lequel notre société toute entière est construite, le Covid-19 bouleverse sans commune mesure les prévisions et imprévisions, les anticipations et les réalités.

Accumulant à elle seule les possibles d'un monde virtuel encore inimaginable il y a peu, la pandémie de Covid-19 est un bouleversement sans pareil. Elle frappe aussi bien les origines historiques qui nous précédent – le socle classique de notre espace politique –, que le futur probable vers lequel nous allons nous diriger – les prochains rapports socio-économiques de notre avenir commun. Il y a donc un avant et un après-Covid.

Cette forme de bascule et de basculement, qui caractérise l'événement, nous n'en avons pas encore pris la véritable mesure. Rappelons-nous d'abord que l'événement n'est pas réductible au réel. Il le dépasse, il en est l'insaisissable signification, la brutale périodisation, l'indescriptible séquençage. Pour analyser ce qui fait du Covid-19 un événement, il faut l'aborder de biais, sur le terrain psycho-politique.

Comment réagir face à l'imprévu qui s'impose à nous ? Quelles sont les bonnes décisions à prendre et les mauvais choix à éviter ? Les nombreuses embûches indiquent que le temps presse, que le Covid-19 possède un facteur temporel difficile à maîtriser et à limiter. Si les incertitudes se multiplient, la France est sommée de réagir et ne peut laisser sa population dans le brouillard et dans l'émiettement. Notre pays a-t-il réellement pris la mesure de l'événement qui nous a frappés ? Sans doute le plus terrible événement du XXIe siècle, après les attentats meurtriers qui ont frappé le monde depuis le début de ce nouveau siècle ?

Depuis le début de l'épidémie, la politique française brille par son retard ou sa lenteur. Décalé, dispersé et débordé, le pays semble avancer dans une intemporalité ou sous-temporalité, toujours battu et dépassé par la cadence nerveuse et rapide du virus : hôpitaux débordés, restrictions sanitaires menées en zigzag, espoir déçu des 200 000 bars et restaurants par une réouverture annoncée, puis annulée et finalement reportée, lenteur de la mise en place du protocole vaccinal, par l'écriture d'un livret de 54 pages par le ministère de la Santé pour expliquer la consultation pré-vaccinale, cinq jours d'attente entre le consentement et la prise de vaccin : autant de signes que l'événement viral n'est pas rattrapé ou pris de vitesse par l'événement politique, mais que c'est bien lui qui impose son rythme.

Aucune anticipation possible, envisageable ou réussie : le virus dicte son tempo. Sa vitesse et sa rapidité sont à l'opposé de notre immobilisme et notre lenteur. La France semble frappée d'inertie : jamais de prévision, toujours une réaction dans l'après-coup et dans l'à-peu-près. Signes d'une politique du rattrapage et d'un système du trop tard ?

Les politiques des pays voisins et des États démocratiques proches de nous semblent également dans le flou, mais certaines nations sortent leur épingle du jeu : alors que le cafouillage bloque l'ouverture des salles de vaccination en France, Israël au contraire vaccine à tour de bras. Il faut dire que le pays met les bouchées doubles et est prêt à payer le prix de la rapidité et de l'efficacité : si les pays de l'Union européenne payent en moyenne 12 euros la dose d'un vaccin, Israël paye 38 euros la même dose aux laboratoires médicaux. Cette différence montre que la vitesse des uns n'est pas celle des autres. Toutes les démocraties ne sont pas identiques.

Sur le plan gouvernemental, en France, certains ministres avancent vite, d'autres à reculons. Chacun a son tempo dans l'exécutif. On le voit concrètement, avec les difficultés à agir et à réagir du ministre de la Santé, début janvier 2021. Comme paralysé par la peur et rongé par le doute, Olivier Véran,

40 ans en 2020, ancien médecin spécialiste en neurologie, ne prend pas tout à fait la mesure de l'urgence sanitaire pendant cette pandémie. Si la communication de crise et la pédagogie médiatique sont au rendez-vous – la *start-up nation* sait parler au peuple –, l'événement sanitaire est, lui, au contraire, mal géré par les pouvoirs publics, caractérisés par une dispersion dans l'action.

La preuve immédiate, la plus évidente, réside dans la mauvaise gestion des masques. Cet épisode malheureux révèle une politique hasardeuse et éparpillée. C'est même un scandale d'État, lorsque les médias nous apprennent que l'hôpital de Grenoble – Grenoble est d'ailleurs la ville du ministre de la Santé – est obligé, le 17 mars 2020, de demander à son personnel soignant de fabriquer ses propres masques, faute de pénurie. Cette impréparation choque à cette période, plusieurs mois après le début de la pandémie, pour un territoire comme la France, qui est la cinquième puissance mondiale.

Dans tout le pays, le personnel hospitalier affiche son dénuement et le manque de soutien. Exprimés par des posts numériques sur les réseaux sociaux, par la fatigue et le stress des infirmiers ou médecins, en plein démarrage de la crise de coronavirus, ces manifestations d'abandon de l'hôpital public provoquent la colère de tous les citoyens, devant un tel désarroi.

Moins communiquer qu'agir

Sécurité sanitaire déplorable, protection nationale des malades retardée, gestion mauvaise des stocks (masques, lits, vaccins), imprévision du système de soins… La politique française de la santé a failli à sa tâche : en septembre 2020, le président de la République s'emporte contre le gouvernement, lors d'un Conseil de défense. Mécontentement devant la lenteur administrative et l'absence de réactivité ; échec de l'application *StopCovid*, téléchargée par seulement 2 millions de Français ; mauvaise politique du *Care* et du soin ; faible augmentation du nombre de tests pratiqués dans le pays. Fou de rage, le Président annule le point presse du ministre de la Santé.

Un exemple, entre mille : le 15 octobre 2020, Olivier Véran annonce le déploiement de 5 millions de tests antigéniques dans l'ensemble des régions françaises, à disposition des pharmaciens, médecins et infirmiers libéraux. Enfin, ce signal politique permet un soulagement dans l'opinion et indique une communication réussie, en phase avec la réalité de l'événement : le protocole avance et le matériel de protection commence à être distribué. Sauf que, sur le terrain, un mois plus tard, il n'y a toujours rien : les pharmacies n'ont pas encore été livrées, le personnel de santé préfère réaliser lui-même les tests, sans passer par les instructions du ministère. Comble du scandale, on apprend que la commande de tests antigéniques destinés aux professionnels de santé n'a été passée par l'État que le 30 octobre, soit quinze jours après l'annonce d'Olivier Véran. Quinze jours précieux perdus. Pourquoi une telle lenteur ?

Face à ce cuisant échec, le Syndicat national des infirmières et infirmiers libéraux (SNIIL) dénonce publiquement l'hypocrisie médiatique du ministre et l'inertie des instances de l'État. De son côté, exaspéré par l'insuffisance des moyens de protection, de dépistage et de réanimation, le chef de l'État Emmanuel Macron accuse Olivier Véran, arrivé au poste du gouvernement le 17 février 2020, d'inefficacité et d'incompétence. Son attitude juvénile de boy-scout passe mal auprès des responsables des cliniques, directeurs d'hôpitaux, coordinateurs des Ephad ou de centres de soin. Devant les caméras, l'homme est certes sympathique et cordial. Il apparaît chaleureux et impliqué lorsqu'il salue, remercie et encourage les aides-soignants et les infirmiers pour leur travail. Mais la violence meurtrière du virus exige des décisions efficaces et rapides, et pas seulement des analyses graphiques dessinées et exposées à la télévision ou lors des points-presse. Faudrait-il peut-être moins communiquer, et agir davantage.

Pour comprendre le retard, la lenteur et l'inefficacité, il y a des explications logistiques et rationnelles. Jean-Éric Schoettl, conseiller d'État, et François Bourdillon, fondateur de Santé Publique France, estiment tous deux que la peur a paralysé le gouvernement. Peur des critiques, peur des anti-vaccins, peur des contentieux judiciaires, peur des manifestations et des pétitions en pagaille. La panique ayant pris d'assaut la rationalité de nos dirigeants, ils en ont perdu tout moyen de passer à l'action.

Alors que l'extrême urgence impose d'agir vite, l'inertie politique, la défaillance d'État et le tropisme technocratique expliquent une gestion catastrophique dès le démarrage. Lenteur d'acheminement des masques, de mise en place des tests et traçages, de pratiques d'isolement et de protection des Ehpad ; échec du dépistage, du confinement, du couvre-feu, de la vaccination. À chaque bataille de la guerre sanitaire, la France accumule les défaites.

Olivier Véran n'est évidemment pas le seul responsable du chaos destructeur dans lequel se trouve l'état de la population. Beaucoup d'aspects révèlent que, sous la surface de l'iceberg événementiel, se trouvent des structures politiques latentes et inefficaces : erreurs conjoncturelles, défauts logistiques, compétences obsolètes, moyens chaotiques, problèmes organisationnels, lenteurs administratives.

La France organisationnelle souffre de deux principaux maux : d'une part, la bureaucratie et la centralisation, figées dans leur hiérarchie et leur système paralysant ; d'autre part, la formation des élites, parfois aveugles devant le bon sens, parfois incapables de reconnaître la solution évidente qui se trouve pourtant devant leurs yeux. Ces fragilités du système politique français sont responsables de bien des catastrophes depuis plusieurs décennies. Mille exemples d'une politique de l'émiettement et de l'éparpillement viennent à l'esprit...

Comme nos acteurs politiques nationaux, ne sommes-nous pas également prisonniers de nos illusions, de nos peurs et de nos fantasmes ? Les solutions sont souvent devant nous. Hélas, nous ne les voyons pas, nos yeux sont insuffisamment ouverts.

Par exemple, dans les années 1770, la France est ravagée comme le reste de l'Europe par une famine sans précédent. La solution pour sauver les gens de la famine et nourrir tout le monde est pourtant simple : la pomme de terre. Il fallait y penser. Mais voilà, comme à chaque décennie, ou chaque siècle, la société est prisonnière de ses préjugés : le tubercule est considéré à l'époque comme un signe du diable et une marque des Enfers. Les gens préfèrent mourir de faim plutôt que de manger « le fruit interdit » ! La solution est toute trouvée, lorsque le bon sens et la communication font parfois bon ménage : Antoine Parmentier demande alors au roi Louis XVI de montrer l'exemple et de manger des patates en public, pour sortir tout le monde de la crise. En 2021, en temps de crise du Covid-19, n'avons-nous pas, nous aussi, une solution efficace à portée de la main ? Plusieurs responsables locaux cherchent des idées utiles et originales : offrir une prime aux gens qui acceptent de se faire vacciner, ou mobiliser des compétences européennes, afin de soigner avec une politique transversale, ou encore d'imaginer des services à domicile, pour traiter le Covid avec l'appareillage médical adéquat, autant de solutions qui seraient, peut-être, envisageables.

Didier Raoult, lanceur d'alerte ou virologue populiste ?

Une autre conséquence découle de ce désastre d'État.

Si l'« on ne règle pas les problèmes avec ceux qui les ont créés », comme le rappelait Albert Einstein, pour réussir et trouver des solutions, souvent on se tourne alors vers d'autres acteurs du champ social. La population se méfie de plus en plus des administrateurs, des technocrates et des experts. Lorsque l'on voit que, au plus fort de la crise, est nommé premier ministre celui qui a libéralisé la tarification des soins en services hospitaliers au milieu des années 2000, on peut douter que Jean Castex soit l'homme politique idéal de la situation, pour redresser le service public de santé dont il a contribué, il y a peu, à aggraver la crise et la faillite.

Et si la classe politique fait cruellement défaut, face à la pandémie, pour tenter de pallier les manques et les défaillances, la collectivité a besoin de nouveaux repères. La question est d'orienter la politique de soins : développer une éthique de soutien aux infirmières, médecins, agents municipaux, travailleurs sociaux ou paramédicaux. Où sont la responsabilité, l'échange, la sollicitude et l'attention à autrui ? La démocratie en acte cherche, sur la scène médiatique, le boxeur qui relève le gant, accepte le défi, engage le combat. La démocratie a parfois du mal à trouver son chemin, et elle se tourne alors, faute de mieux, vers des figures médiatiques, des prétendus sauveurs qui agitent le torchon brûlé, pour mieux peut-être profiter de la situation.

La désorientation et la perte de repères dégradent la confiance commune, accentuent la panique et renforcent l'inquiétude populaire. Theodor Adorno le montre bien, dans ses *Études sur la personnalité autoritaire*, en 1950. Aujourd'hui, face aux défaillances de l'État, de nouveaux prophètes surgissent, censés éclairer le chemin et apporter l'aide que nous espérons. Au cœur des relations complexes entre experts, médias, État et société civile, un homme est apparu, dans une position à la fois de sauveur, de franc-tireur et de maître à penser. Didier Raoult, gourou des temps modernes ?

Qui est-il vraiment ? Pendant de longs mois de l'année 2020, le débat populaire est enflammé sur la confiance ou non à accorder au controversé et médiatique docteur Didier Raoult. Il a ses alliés et ses adversaires, tant sur le plan médical que sur les plateaux de télévision. Son « remède miracle » de promouvoir l'hydroxychloroquine comme traitement efficace contre le Covid-19 rappelle un célèbre personnage de la bande dessinée des aventures de Lucky Luke, le cupide médecin Doxey, qui exploite la crédulité des badauds, en leur vendant des remèdes miracles. Le titre de l'épisode porte son nom, *L'élixir du Docteur Doxey*. Alors, le professeur Didier Raoult, patron de l'Institut hospitalo-universitaire de Marseille, charlatan ou visionnaire ? Précurseur ou imposteur ? Gourou ou sauveur ? Toutes ces questions, il y a encore quelques semaines avant le début de l'épidémie, avant que le médecin marseillais ne devienne un héros du Covid en France, lui qui est si populaire avec un « bulletin d'information scientifique » diffusé toutes les semaines sur sa chaîne YouTube, personne ne se les posait.

Pourtant le docteur Raoult possède déjà un long pedigree, reconnu et sérieux, en ce qui concerne la lutte contre les épidémies. Et son originalité n'a d'équivalent que sa réputation : au début des années 2000, Didier Raoult travaille sur l'usage des bactéries comme arme biologique et rédige un rapport sur le bioterrorisme qui manipule les virus comme des forces de destruction. En 2003, dix-sept ans avant le début de l'épidémie de Coronavirus Disease 2019, Didier Raoult tire la sonnette d'alarme et prévient que la France est dans « l'impréparation » face au risque de développement de nouvelles maladies contagieuses.

Puis, il travaille sur le génome des bactéries et analyse les mégavirus planétaires. Fort de ses avancées, il annonce le 25 février 2020 qu'il a trouvé la solution à la pandémie : la chloroquine permet de soigner les malades atteints du Covid. Cette maladie n'est donc pas si grave que cela, conclut-il sur toutes les chaînes d'information en continu, suscitant espoir ou scandale, selon les réactions médiatiques et politiques.

Depuis son bureau orné de décorations et de tableaux, en haut de l'Institut hospitalier d'infectiologie de Marseille, Didier Raoult est un grand communicant, lui qui est toujours branché sur la lecture du *South China Morning Post*, son média préféré. Sa chaîne YouTube le transforme en porte-voix du peuple, anti-expert. Opposé aux politiciens parisiens, et contre le pouvoir central, il est prêt à soigner toute la population de la Canebière et de la ville portuaire méditerranéenne.

Didier Raoult représente une culture de la franchise et du parler-vrai. À la télévision, il ne mâche pas ses mots, n'utilise pas la langue de bois et plaît par son esprit combatif, affûtant ses arguments comme des lames de couteau. Face au ministre de la Santé, il a une libre parole, qui semble être plus vive et plus rapide que le discours corseté des membres du gouvernement. Didier Raoult incarne l'air médiatique du temps présent autant que le souffle historique des siècles passés :

on se souvient que Marseille est une ville qui a combattu historiquement les pandémies, en particulier la peste de 1720, dernière grande quarantaine dans l'histoire de la santé publique en France. Lorsqu'il est invité à l'Élysée par le président de la République, le 5 mars 2020, pour la première réunion d'expertise sur le Covid-19, l'allure du personnage ne trompe pas : cheveux longs, veste noire, chaussures ouvertes avec chaussettes apparentes. Le médecin affiche un look de baba cool bien particulier. « Il ne faudrait pas qu'on s'imagine qu'il est flatté d'avoir été invité », peut-on lire dans *Raoult - Une folie française*.

Dans cette enquête datée de juin 2021, deux journalistes, Ariane Chemin et Marie-France Etchegoin, rappellent aussi que le médecin est autant un businessman qu'un microbiologiste ou un infectiologue. Il est membre fondateur de cinq start-up, il collabore avec la firme multinationale Hitachi, il a aussi des intérêts dans Pocramé, une entreprise qui développe un laboratoire d'analyse médicale ultra-rapide.

Difficile donc de savoir qui est vraiment Didier Raoult, cet étrange docteur Jekyll et mister Hyde français...

D'un côté, il affiche une arrogance provocatrice, joue de ses coups d'éclat sur les réseaux sociaux, s'amuse de la provocation et de l'opposition entre Marseille et Paris. Même lorsqu'il est convoqué par la chambre disciplinaire de l'Ordre des médecins, le 5 novembre 2021, il s'exclame devant les caméras et micros de télévision : « On fait le procès de la réussite ! » De l'autre côté, il repère tout de suite l'émergence du virus à Wuhan en décembre 2019, lui qui connaît bien le territoire chinois et qui a déjà travaillé avec des microbiologistes en Chine centrale. Il connaît très bien également les virus tropicaux : né à Dakar dans une famille de médecins, Didier Raoult y séjourne régulièrement et travaille sur les maladies sub-sahariennes avec des chercheurs sénégalais. Lors de séminaires et travaux de recherche au Sénégal, il identifie la chloroquine, molécule utilisée depuis longtemps pour le traitement contre le paludisme. Son diagnostic médiatique s'appuie sur cette étude sérieuse, prouvant l'efficacité d'une molécule contre une maladie.

Mais le professeur est hors-norme, et son aspect anti-institutionnel provoque souvent le trouble et le conflit avec le Haut Conseil de la santé publique en France. On le voit également, par exemple, au moment d'une violente discussion entre le docteur Raoult et l'épidémiologiste alarmiste de l'Institut Pasteur Arnaud Fontanet. Le premier traite le second d'« astrologue » et de « sorcier » devant le président de la République. L'ambiance est assez tendue entre les épidémiologistes classiques et le docteur Raoult.

Virologue lanceur d'alerte ou superstar médiatique, Didier Raoult est les deux assurément et en même temps. Pour comprendre le personnage, les signaux de clarté et d'analyse sont brouillés par une époque qui ne jure que par l'escalade du politiquement incorrect, que par les petites phrases ou les comportements télévisuels, connectés à une demande objective de savoirs autant qu'à une recherche de consolations médiatiques. Si l'on s'appuie sur la foule en liesse qui brandit des pancartes et qui acclame Didier Raoult dans la rue, il donne parfois l'impression d'être saint Didier qui guérit les malades, non pas sous un chêne, mais sous un olivier provençal. On peut voir aussi un autre aspect du personnage, beaucoup plus sérieux, lui qui a suivi les consignes de l'OMS avec rigueur et qui a développé la méthode du test, le choix de l'isolement entre cas sains et cas contaminés, bien avant tout le monde.

Les vertus de l'imprévu

Les modalités classiques de la pensée rationnelle et traditionnelle peuvent-elles se renouveler véritablement, afin de tenir compte, dans leurs exercices et fonctionnalités, de modifications soudaines, de bouleversements profondément inattendus et imprévisibles ?

Une souplesse dans la pensée peut bien sûr advenir, afin de s'adapter autrement à ce qui nous arrive. La pratique influence la théorie, surtout lorsqu'il s'agit d'une pensée pragmatique, sceptique ou expérimentale. Le philosophe empiriste écossais David Hume en fait le constat, au XVIIIe siècle, à propos de la causalité et de ses conséquences. Les idées s'organisent, avec pour objectif de tenir la bonne distance, entre le recul de l'analyse critique, et la prise en direct sur le réel. Sommes-nous alors prêts à penser autrement, à penser une pandémie brutale et inimaginable ? Du cours ordinaire des faits du monde, surgit soudain un évènement qui, sans conteste, s'impose à notre esprit et le somme de réagir, dans un immédiat de la pensée.

La situation du virus, tel que le monde en subit le choc et la violence, conduit le penseur à s'engager sur une nouvelle voie, celle d'affronter les événements du monde. A-t-il le choix ? Peut-il faire autrement ? Si le Covid-19 a figé pour un temps le monde dans un confinement immobile, la pensée, elle, doit continuer à faire avancer la réflexion, à ne pas laisser l'événement sans analyse ou sans commentaire. Car la pensée doit éviter de se laisser embrasée ou enfermée à son tour.

Pour maintenir la pensée en éveil critique et dans un état de non-sidération, l'exemple d'un philosophe en particulier peut servir. Encore peu connu du grand public, il éclaire pourtant pour nous la manière dont une situation soudaine conduit la pensée à prendre une voie nouvelle, sans aucune anticipation ni prévision, pour réagir à une situation imprévue.

Ce penseur est allemand, il s'appelle Hans Jonas et traverse les catastrophes du XXe siècle. Formé à la philosophie dans les années 1920, il est à l'école des grands maîtres de l'époque, tels que Husserl, Heidegger et Rudolf Bultmann.

Jeune philosophe, il entame d'abord ses premières recherches sur la spiritualité de la romanité européenne : il s'agit d'une réflexion consacrée à la volonté humaine face au destin, par une analyse de la confrontation de saint Augustin à la question du libre arbitre. Ce thème initial et passionnant conduit Hans Jonas à se consacrer aux différents courants de la pensée gnostique, telle qu'elle existe dans les premiers siècles chrétiens. Cette étape initiale de recherches aboutit à un ouvrage majeur, *La gnose et l'esprit de l'Antiquité tardive*, publié en 1934 et salué par les milieux universitaires et intellectuels.

Mais le monde bascule dans l'horreur du nazisme et dans le chaos de la guerre. Les cinq années au service de l'armée britannique dans le conflit mondial contre le nazisme transforment le jeune homme et annoncent un changement de perspective, dans les enjeux de la pensée encore en formation de Hans Jonas. La deuxième phase de sa vie intellectuelle est profondément déterminée par cet épisode de l'histoire mondiale. Jonas est marqué par la guerre qui bouleverse le destin de toute la planète et l'existence de millions d'hommes, de femmes et d'enfants, citoyennes et citoyens du monde. Face à la brutalité et à la terreur, les penseurs ou philosophes ne font pas exception.

Dans l'armée britannique, Hans Jonas est artilleur. Il se bat sur le front de la guerre et participe notamment au débarquement allié en Italie. L'état d'apocalypse du monde qu'il découvre au quotidien, la menace de l'effondrement de la planète, la crise ultime de la civilisation, la proximité de la mort, la totale mise à nu des questions vitales, Jonas assiste à cette tragédie humaine, qui le conduit à porter un autre regard sur la vie et l'existence.

Abandonnant sa réflexion sur le gnosticisme, un tournant radical a lieu au moment de son retour à la vie civile. Il décide de consacrer alors son énergie et sa volonté à élaborer une philosophie de la vie et de l'organisme : comment penser l'identité de la nature et la diversité du vivant, sans ramener ni l'une ni l'autre à une interprétation issue de l'esprit humain ? Ses efforts théoriques sont désormais voués à penser le processus environnemental dans sa singularité et son inachèvement. Comme un précurseur de penseurs écologistes aussi divers qu'André Gorz dans les années 1960, Michel Serres dans les années 1980 ou Bruno Latour dans les années 2010.

Ce nouveau travail d'envergure sur la nature mène Jonas à rédiger *Le phénomène de la vie* en 1966. Il se lance dans ce nouveau travail, malgré les demandes empressées de ses amis et anciens professeurs, comme Bultmann et Jaspers, à revenir à ses premiers thèmes de réflexion d'avant-guerre, sur la pensée antique ou sur la philosophie du Moyen Âge.

Alors qu'il semble avoir enfin trouvé un domaine de prédilection pour développer sa pensée, auquel il va consacrer ses travaux actuels et futurs, en partant de ce qu'il a vécu et du constat de la destruction annoncée du monde, Jonas va à nouveau être bousculé dans ses projets, par un phénomène imprévu, qui le rapproche encore plus des aléas du monde et des impératifs de l'actualité. Une nouvelle bifurcation va modifier son plan de travail et ses projets en cours.

Revenu du cauchemar de la guerre, Jonas avait dû, comme toute la population, surmonter d'abord le traumatisme collectif, avant d'espérer retrouver, si cela était encore envisageable, une forme un peu apaisée ou sereine d'état d'esprit. À cette époque de sortie de la guerre, Jonas garde malgré tout l'espoir que la *catharsis* humaine est encore possible, après un tel effondrement : l'être humain pourrait trouver en lui une force capable d'aller de l'avant. Cherchant un peu d'optimisme, Jonas pense alors que le monde qui a traversé une période d'une aussi rare violence pourra malgré tout surmonter l'horreur, se construire et se relever. « J'entretenais de bons espoirs concernant l'avenir de l'humanité », écrit-il en 1974 à propos de la période d'immédiat après-guerre, revenant rétrospectivement sur son état d'esprit de l'époque.

Comme s'il aspirait à un calme collectif revenu après la tempête et la destruction, Jonas retrouve en lui ce caractère optimiste : la société peut espérer de la modernité pacifique une avancée sociale et technologique, une amélioration pour le bien-être humain et une plus grande liberté individuelle.

Malheureusement, la prévision d'accalmie et d'apaisement est de courte durée. La destruction de l'environnement va plonger Jonas dans un nouveau désarroi. Choqué par la multiplication sans précaution de l'installation de centrales électriques et atomiques, Jonas observe avec sidération la pollution mondiale. Le philosophe se rend vite compte de l'augmentation croissante des dangers technologiques. Une spirale infernale de consommation et de gaspillage entraîne l'homme vers l'industrialisation de la nature. Une nouvelle catastrophe menace l'humanité. Régulièrement bouleversé, Jonas est alerté par ces imprévus dont le mérite est de provoquer chez le citoyen qu'il est une prise de conscience sur les dangers imminents que traverse la planète, fragile et éphémère.

Le futur climatique

D'après ses vues philosophiques, Jonas considère que la menace de destruction du monde ne provient pas des excès réguliers de la technologie, non. Et en un sens, le risque n'est pas là. Mais il provient des usages ordinaires et légitimes aux yeux de tous des pratiques polluantes : la crise mondiale, pour Jonas, n'est pas le résultat des dérives et des abus de la technologie, mais davantage de sa banalité maîtrisée.

Cette banalisation de la dégradation de la planète apparaît selon Jonas comme une effrayante et paradoxale perspective, dont il est l'un des précurseurs visionnaires. Il est en effet l'un des premiers à dire que, si, pendant des siècles, l'humanité a cherché et construit tous les moyens pour dominer la nature, c'est aujourd'hui la technique qui dicte sa loi et impose ses impératifs sans contrôle. Tel est le nouveau but que se fixe le penseur allemand : mobiliser ses connaissances antérieures, accumulées pendant ses premières recherches, l'anthropologie antique (le cœur de sa réflexion des années 1930) et la pensée de l'organisme (son sujet de pensée dans les années 1950), au service d'un troisième et dernier chantier intellectuel : développer *Le principe responsabilité*, titre de son ouvrage le plus célèbre, écrit en 1979.

Relever les défis de la société moderne, où la technologie a une place centrale très préoccupante, est une tâche qui selon Jonas revient à l'éthique. Contrairement à la morale, qui propose des règles générales à appliquer dans différentes situations, en fonction des cas particuliers, l'éthique ne contient ni ne possède aucune méthode d'application *a priori*. L'éthique part directement du constat, du concret et du réel. Elle est d'abord adaptation avant d'être application.

Ce sont les événements qui bousculent nos repères, bougent les lignes, et provoquent une réactivité nouvelle, où nous devons apporter des solutions auxquelles nous n'avions pas forcément pensé avant. C'est cela l'éthique, cette capacité à saisir l'occasion d'un changement, pour modifier nos règles de vivre, d'agir et de penser. Ce qui est exactement ce que le monde vit avec la crise du Covid-19, le monde *d'avant* et le monde *d'après*, et c'est aussi ce que Hans Jonas avait lui-même vécu à son époque.

S'adapter à vivre autrement

Par la nouveauté sans précédent des crises actuelles, aucune éthique passée ou présente ne nous a encore préparés à les surmonter. Il faut s'adapter et rechercher de nouveaux principes de vie, de nouvelles règles de pensée, qui nous permettent d'affronter des problèmes que l'humanité n'a jamais eu encore à résoudre ou à prendre en compte.

La nécessité de penser le bouleversement événementiel le plus inouï conduit à modifier en conséquence nos conditions de vie actuelles. C'est le passage de la raison « théorique » à la raison « pratique », du savoir que nous possédons à un comportement que nous adaptons. Ce passage est imposé par la contrainte exceptionnelle des événements. Face à la situation dramatique et colossale qui perturbe la société, chaque individu se pose des questions et tente de résoudre dans sa vie concrète les difficultés apparues avec le Covid-19. Pour Kant, l'annonce de la prise de la Bastille suscite chez le philosophe de Königsberg « l'adhésion confinant à l'enthousiasme » et bouleverse sa vision juridico-politique.

Comment réagir face à une épidémie, pour laquelle nous n'étions pas préparés, dont nous ne connaissons pas ou que très mal l'origine, et pour laquelle nous sommes également fort incertains quant aux solutions médicales à apporter pour se guérir et se soigner ?

Ce n'est en effet qu'autour du 15 janvier 2021 que le régime de Pékin autorise une équipe d'experts de l'Organisation mondiale de la santé (OMS) d'entrer sur le territoire chinois pour enquêter sur l'origine du coronavirus : annulée plusieurs fois, repoussée et reportée, cette visite est l'objet pendant plusieurs jours d'un conflit diplomatique entre le président Xi Jinping et l'OMS. Lorsque l'Australie demande en avril 2020 une enquête indépendante en Chine, le gouvernement communiste réplique aussitôt en bloquant les importations de produits australiens. L'arrivée d'une vingtaine de scientifiques occidentaux, comme le zoologiste américain Peter Daszak, est mal vue par les autorités politiques du pays, qui nie toute responsabilité dans une épidémie qui a fait près de 2 millions de morts dans le monde en un an. Dès son arrivée à Wuhan, berceau probable de l'épidémie, l'équipe d'experts est aussitôt placée en quarantaine pour quinze jours, stoppant nette l'avancée de l'enquête.

Dans la quête de réponse ou de solution, chacun s'interroge : le choix de se faire vacciner, et combien de fois, la manière excessive ou raisonnable de marquer sa prudence à être en compagnie d'autres personnes, sans risquer de contracter le virus, les modalités les plus adéquates pour faire ses courses ou aller travailler. Sommes-nous comme l'âne de Buridan, qui se laisse mourir de faim, ne sachant quelle avoine choisir ? Tout le monde, à égalité devant l'incertain, se pose des questions, sur le comportement à suivre, du président de la République jusqu'à l'infirmier en service de réanimation ou au conducteur de transports en commun. Il y a une égalité devant l'inconnu, l'incertain et l'improbable.

Face à nos interrogations tout à fait légitimes, Hans Jonas nous donne une réponse claire, salutaire et profondément humaine : la peur nous protège. Selon le philosophe, la crainte et la prudence sont de bonnes conseillères. C'est un principe de précaution.

Dans la troisième et dernière étape de ses travaux, centrée sur la notion de « crise de l'humanité », le philosophe compte sur l'un des plus simples et immédiats sentiments humains pour responsabiliser l'humanité. Il faut faire confiance à une réaction sensible et émotive, la frayeur spontanée et la peur naturelle que l'individu ressent en lui-même. Jonas écrit : « Et même si l'on ignore, à ses propres périls, l'étendue de la stupidité humaine et la capacité de l'homme à causer des désastres, on peut toujours donner ses chances réconfortantes à la peur d'une situation extrême manifestement imminente. »

La peur serait « réconfortante », elle nous donnerait la meilleure réponse devant le danger présent et les risques futurs ? Le penseur allemand nous explique que l'on peut compter sur notre ressenti, une angoisse à la fois personnelle, propre à chacun, et universellement partagée.

La peur, c'est cette commune et singulière émotion, qui permettrait de stopper une machine infernale conduisant à la destruction de la planète. Si l'on expérimente cette peur non pas à vide, pour rien, mais au contraire en situation, elle nous aide alors à protéger notre foyer, notre famille et à tester nos limites.

Dans ce genre de situations, l'expérience est toujours un bon guide et offre un apprentissage certain. L'éthique est basée sur le réel, le concret, et opère par étape et par confirmation de l'expérience. Une vision pragmatique et expérimentale des choses, qui est menée concrètement. Une forme de réalisme objectif basé sur une observation subjective, face à l'événement : ce qui est fait est fait. Il n'y a pas de retour possible. Nous ne pouvons pas faire marche arrière et revenir à l'état initial. Il faut progresser étape par étape. Cette éthique de la prudence est déjà celle d'Aristote, qui invite à une sagesse de la tempérance dans *L'éthique à Nicomaque.*

La peur oui, mais à quel prix ?

Le problème reste entier : tirer les leçons des erreurs du passé est une chose, anticiper la prochaine épidémie en est une autre. Hans définit l'éthique ainsi : si nous ne faisons preuve de sagesse que dans l'*après-coup*, en nous disant que, finalement, « cela n'aurait pas dû être fait », ce sera toujours trop tard. Une fois accomplie, une action ne peut pas être défaite. L'histoire ne se répète pas à l'identique, et nous ne pouvons pas tout recommencer à zéro.

Pourtant, si le retour en arrière est impossible, l'anticipation des dangers est complexe, comme dans le film de science-fiction *Minority Report*, entre dystopie et anticipation. Dans ce thriller sombre, adapté par Steven Spielberg d'une nouvelle de Philip K. Dick, vidéosurveillance biométrique et intelligence artificielle par algorithme cognitif permettent à l'unité de police Précrime de prédire le futur et d'arrêter les criminels, avant même qu'ils aient commis leurs actes. Est-ce l'avenir de notre société qui est peint ici ?

Prévoir et anticiper oui, mettre des garde-fous et des précautions sans doute, contrôler le futur et ce qui arrivera non. L'anticipation complète des risques de demain est non seulement impossible mais aussi impensable.

L'expérience permet toujours de tirer une sagesse de ses erreurs, mais toute projection du futur ou de l'état final de la société reste hypothétique. Pour Leibniz, l'être humain n'a qu'une vision finie des choses, et cette limite fonde la contingence du monde et de l'histoire pour nous. Alors que faire ?

L'ignorance devant des faits nouveaux, doublée de prudence devant ce que l'on sait déjà, fonde *Le principe responsabilité* de Hans Jonas, qui associe quatre exigences philosophiques : la précaution, la préservation, l'autolimitation et la décroissance.

Face un avenir brumeux et hasardeux, notre faculté d'imprévoyance, car l'avenir reste incertain, devient notre principal atout positif, assure le penseur Jonas : notre sagesse humaine réside dans une combinaison, qui consiste à mesurer l'inadéquation de notre connaissance anticipée avec l'étendue de nos actions. Autrement dit, la prudence donne un cadre, interdit l'incontrôlable et empêche l'irrationnel.

À suivre cette éthique philosophique, les acteurs politiques, sociaux, industriels et économiques devraient éviter de s'engager sur des pistes qui comportent trop de risques et d'incertitudes. La *politique de l'incertain*, évoqué au chapitre précédent, peut se résoudre par une *éthique de la prudence*.

La prise de risque est un facteur extrêmement aggravant qui menace l'équilibre de la planète. Les effets indomptables ou inattendus doivent être pris en compte au lieu d'être ignorés, pour limiter le champ des possibles au mesurable.

Pour défendre son argumentation, Hans Jonas déploie un raisonnement pratique et logique : l'impératif de responsabilité suppose à la fois notre connaissance des effets et notre inconnaissance des conséquences.

Prendre une décision s'étend aux frontières du connu et de l'inconnu. C'est d'ailleurs le bon sens lui-même qui nous rappelle qu'il faut bien sûr résister à la pente du profit ou de l'exploitation qui engagerait à risquer le déluge planétaire pour nos enfants et petits-enfants sous prétexte d'ignorance ou de mauvais calcul.

Cette prise de conscience des possibilités, autant positives que négatives, engendre toujours une résistance prudente au mouvement précipité. La règle éthique est simple : si une issue favorable est possible malgré tout, le risque pourrait alors être tenté, pourtant la probabilité apocalyptique est beaucoup plus élevée du point de vue éthique. Ne pas prendre de risque inutilement est toujours une modération dans le choix, cela vaut autant pour le couvre-feu baissé de 20 h à 18 h, ou pour les différents confinements auxquels la population est soumise. Au prix, bien sûr d'une frustration psychologique – baisse de moral des Français – et d'une récession économique – chute du chiffre d'affaires des commerces et des entreprises fortement impactés.

Telles sont les règles qui prévalent, à partir du moment où l'humanité doit reconnaître que ses savants les plus qualifiés, que ses décideurs politiques les plus démocrates et que ses citoyens les plus engagés ne savent pas tout et ne peuvent pas résoudre seuls tous les problèmes. Oui, toutes et tous, nous n'avons qu'une connaissance limitée de l'état actuel des bouleversements qui affectent le monde.

Pour résumer l'attitude éthique à adopter, Hans Jonas a une formule qui résume bien son propos : « Une saine crainte à l'égard de notre propre pouvoir "prométhéen". »

Le consentement au confinement est cruel et douloureux. Il épuise, fragilise et nuit gravement aux relations sociales et humaines. Nous l'avons toutes et tous vécu, lors de la crise du Covid-19 de 2020 et de 2021. Pourtant, ce principe de précaution s'inscrit pleinement dans la logique éthique du philosophe, dont il faut souligner la grande cohérence de pensée : *Le phénomène de la vie*, en 1966, conclut à l'équilibre, au sein de la vie et dans la nature en général, entre le risque et la chance. D'un côté, les risques sont toujours extrêmement dangereux à tenter, explique le penseur. La souffrance, la maladie et la mort sont des expériences tragiques et inséparables du sentir et du vivre. De l'autre côté, la chance existe et réunit toutes les opportunités qu'offre la liberté humaine. Comment concilier la chance et le risque ? L'espoir et la prudence ? Le désir et la limite ?

Pour penser l'existence, explique notre philosophe, il faut l'envisager par ce dilemme. La vie est « une expérimentation dotée d'enjeux et de risques croissants, laquelle, dans la liberté humaine qu'est le destin de l'homme, peut mener au désastre aussi bien qu'au succès ». Quelle belle définition de l'aventure humaine et de la beauté de la vie.

La responsabilité comme vigilance éthique

La responsabilité comme vigilance éthique doit toujours se tenir prête, face au possible désastre au cœur du vivant.

La situation de pandémie des années 2020 et 2021 est une crise mondiale sans précédent, jamais vécue ainsi par l'humanité interconnectée et reliée. Cet événement unique dans notre histoire impose à tous, citoyens, scientifiques ou responsables politiques, de se poser la question épineuse de l'anticipation de la menace. C'est l'interrogation initiale : comment réagir face à l'imprévu, devant une menace mondiale si grande ? Que peut faire la société, devant un ennemi invisible, ce virus qui touche et contamine les humains, sans que les individus soient conscients de l'infection qui leur arrive, au moment où elle se produit ?

L'apparition médiatique du virus, à la télévision ou sur les terrains de communication politique, de Trump à Poutine, de Boris Johnson à Emmanuel Macron, a toujours un temps de retard sur la réalité sanitaire telle qu'elle existe. Parfois rejetées au départ, comme les masques, qualifiés de « protection inutile » par Agnès Buzyn – praticienne hospitalière et femme politique, ministre de la Santé du 17 mai 2017 au 16 février 2020, puis mise en examen le 10 septembre 2021 pour « mise en danger de la vie d'autrui » –, les mesures de protection sont venues progressivement, dans l'*après-coup* évoqué précédemment.

On le sait maintenant, les mesures de précaution ont suivi un rythme parallèle plutôt lent et inefficace : le passage d'une prétendue connaissance immédiate, ce n'est qu'« un peu plus qu'une grippe normale » selon certains experts et philosophes, ou « un contrôle disproportionné du gouvernement sur nos vies », selon d'autres, à la prise de conscience que finalement nous ne savions pas grand-chose sur ce virus mutant. Les philosophes médiatiques sont passés d'une illusoire et fausse connaissance à l'aveu de l'ignorance du danger réel que le Covid-19 représente.

Toutes les informations et les commentaires ont été mélangés et brouillés, mettant sous cloche notre défense, à travers une imaginaire « ligne Maginot » qui nous a trompés pendant de nombreuses semaines et des mois entiers : les débats médicaux ont été noyés par le ridicule des controverses et des buzz, mettant sous le tapis le sérieux des vérités scientifiques. En 2020, l'ère du clash et du buzz a frappé le domaine pourtant sérieux et essentiel de notre santé, alors que les véritables analyses, de plus en plus précises, sur le risque de mort, et les décès effectifs causés par le virus, ont été mises de côté, banalisées par certains experts médiatiques.

Ces ratés stériles et ces polémiques inutiles indiquent, selon la lecture par sérialité et rythmicité de la gestion politique de la crise sanitaire, la manifestation de tempos à contretemps et en décalage constant devant les impératifs éthiques. Lorsque l'état d'exception est décrété en Équateur, en raison de la crise, et qu'il inclut un couvre-feu, cette décision politique est déclarée anticonstitutionnelle, faisant perdre un temps précieux à la population pour se protéger.

Un célèbre acteur français, suivi par 200 000 personnes sur Instagram, fils d'un grand humoriste, rejette les mesures barrières et les gestes de protection. Il revendique sa liberté de ton contre les donneurs de leçon, et en appelle au non-respect des consignes. Le 26 octobre 2020, à quelques jours du second confinement, et alors que les indicateurs de l'épidémie repartent à la hausse, il écrit : « Vivons à fond, embrassons-nous, crevons. » Lire ces mots d'un comédien qui revendique l'irresponsabilité fait froid dans le dos, lorsqu'on assiste, au même moment, à des fêtes de milliers de personnes sans masque à Dubaï, Londres, Mexico, Saïgon. Ce même acteur et réalisateur, sur un plateau de télévision, s'écrira : « Est-ce qu'un artiste a vocation à tenir des propos responsables ? Je ne crois pas. » Étonnant retournement de situation, pour demander finalement aux gens ni de le croire, ni de le lire, ni de l'écouter et ni de le prendre au sérieux.

Face à la mise en péril des vies humaines, et devant l'augmentation croissante des morts, jours après jours, les décisions de protection de la vie sont arrivées bien tard et de manière floue. Cette situation flottante a laissé donc un espace à toutes les manipulations et supercheries en tout genre.

Suivons les étapes de ce processus de réaction : mise sous quarantaine des malades, notamment sur les paquebots de croisière ou dans les navires militaires ; fermeture des frontières et interdiction de sortie du territoire ; restriction puis interdiction de groupes et de rassemblements, avec des calculateurs variables de jauge selon les raisons invoquées (concert, messe, mariage) ; gestes d'hygiène quotidiens, pour éviter le contact des mains et des postillons de la bouche ; absence de salut ou de baiser, d'embrassade ou d'accolade amicale ; distance sanitaire obligatoire d'un mètre et demi entre chaque personne dans les lieux publics ; transformation de la majeure partie des activités salariales sur le territoire national en télétravail ; fermeture des écoles et des établissements publics, des entreprises et des lieux de culte, des magasins hormis les commerces d'alimentation et de première nécessité, avec un confinement strict et obligatoire pour tous les individus et activités de la société. Seules quelques situations spécifiques, comme celles des services de la police et la vente de produits dans les supermarchés, sont maintenues.

Les confusions furent nombreuses, dans ce plan de bataille anti-Covid. Lorsque, par exemple, le premier ministre Édouard Philippe et le ministre de la Culture Franck Riester annoncent la réouverture des salles de concert en Île-de-France le 28 mai, la gestion des flux et le protocole sanitaire conduisent les organisateurs à proposer des concerts à perte financière : pourquoi ouvrir des salles de concert qui ne seront pas rentables, compte tenu des coûts de structure et des frais de gestion, et qui continueront à risquer de contaminer les spectateurs ? Travailler à perte, ouvrir un commerce pour perdre de l'argent et obtenir une trésorerie catastrophique sont des conditions de travail absurdes et incertaines.

Chaque entreprise a ressenti des difficultés profondes à traverser la crise. La raison ? Le rythme haché, saturé, saccadé, de décisions politiques au compte-goutte et pratiquant sans cesse la politique de la girouette, par des allers et retours incessants. Ouvrir/fermer, puis fermer/ouvrir par quinzaine de jours, cela n'a pas de sens : passer du couvre-feu à 20 h (du 1er au 15 janvier 2021) au couvre-feu à 18 h (du 15 au 30 janvier) sans avoir de perspectives à moyen terme, indique une variable précaire, qui empêche de voir l'avenir. Les bars, cafés et restaurants en ont payé le prix lourd. Et que répondre aux patrons de boîtes de nuit, victimes de la stratégie face à la cinquième vague, en décembre 2021 ?

Une seule cause doit guider les pouvoirs publics : le souci de la santé publique et la préservation de la vie humaine.

Protéger le plus grand nombre est une règle démocratique essentielle. Et, selon une étude de l'Imperial College de Londres, le confinement du printemps 2020 a sauvé 3 millions de vie en Europe occidentale, soit 700 000 en France. Cette mesure de fermeté est un engagement radical, car la santé de la société civile est une affaire collective absolue.

Le confinement doit s'appuyer sur un soutien sans failles des services politiques aux secteurs de santé du pays : pris à la gorge par le tempo accéléré du coronavirus, l'État, malgré un débordement constant et une saturation permanente, ne devait avoir qu'un seul objectif en tête : protéger et renforcer le seul service absolument central et nécessaire qui devait tenir, tout en étant sous tension continue, les hôpitaux et les domaines de la santé. Dans une société libérale et pragmatique, il faut garantir le seul espace socioprofessionnel capable de préserver le soin et la vie de la population, afin d'envisager la guérison des malades : l'hôpital.

Si le monde s'est soudain figé, c'est dans un seul et unique but, sauver la vie.

Une soif de savoir

Comment Hans Jonas permet-il, aujourd'hui, de penser la situation inédite de crise pandémique ? Ce qui semble en premier lieu évident, c'est que, si les personnes âgées ou vulnérables dans leur santé sont plus fragiles que le reste de la population, la première leçon du virus est d'élargir cette perspective. Il faut protéger la fragilité de toutes et de tous : le Covid-19 peut frapper tout le monde, jeunes et moins jeunes, enfants et adultes, n'importe où et n'importe quand. Aucun organisme humain ne peut faire obstacle ou opposer son bouclier de protection sans une immunité efficace.

Avec ce virus, toute vie humaine peut potentiellement être détruite : aucun pays n'est épargné, aucun continent. Savons-nous quelque chose d'autre que cela, en réalité, au début de l'apparition du virus et de la mise en confinement de la planète ? Nous savions peu de choses, seulement qu'il était potentiellement donc véritablement dangereux.

Hans Jonas est, là aussi, d'une grande actualité pour notre tragédie covidienne : « Tant que le péril est inconnu », explique-t-il, « on ignore ce qui doit être protégé et pourquoi il le doit ».

Autrement dit, ni logique ni méthode ne peut anticiper le danger du virus, sa circulation, sa dangerosité, sa mutation, sa résistance, sa gravité, sa rapidité de circulation, etc. Le savoir scientifique lié à ce virus naît d'une urgence vitale : savoir ce contre quoi il faut se protéger, et comment le faire le mieux possible. La science est mobilisée de manière pragmatique pour sauver et guérir. La pratique socio-médicale sur le terrain hospitalier conduit à intervenir aussi sur le plan théorique, en laboratoire scientifique de recherches, afin d'améliorer un savoir directement utile et concret.

Nous l'avons vécu de nos propres yeux, et il faut retenir cette leçon : vivre avec l'incertitude, face à un virus que nous ne connaissions pas, du moins sous cette forme, a révélé notre finitude humaine et notre mortalité évidente. Le péril apparaît d'abord, et c'est son apparition qui nous enseigne comment le combattre et quelle connaissance élaborer pour le mettre hors d'état de nuire. Pas avant : « Nous savons seulement ce qui est en jeu lorsque nous savons que cela est en jeu », analyse Jonas, dans ce décalage entre l'effectivité de la réalité et le savoir de cette réalité. La maladie frappe d'abord, le remède sauve ensuite. Il ne faut pas inverser les priorités et les logiques.

La dissymétrie entre la violence du mal et la protection du bien conduit à un sentiment premier, dont nous avons déjà parlé, une réaction humaine fondamentale, qui donne toute sa place à l'affect émotif. C'est la sensation du danger imminent, que l'on appelle la peur : la peur est aussi liée à l'incertitude, l'impréparation, l'absence totale de maîtrise.

Avec l'apparition du virus mortel planétaire, aussi rapide qu'invisible, notre peur du danger nous apprend quelque chose : la vie humaine est précaire, fragile, incertaine.

La crainte et l'inquiétude se déplacent, aussi vite que le virus se transforme : lorsque trois « nouveaux » virus sont apparus sur le territoire français, le variant britannique (le variant B.1.1.7, qui cumule une vingtaine de mutations dans son ARN, dont l'une nommée N501Y, et qui a une rapide vitesse de propagation), le variant sud-africain (le variant B.1.351 qui semble résister aux anticorps et qui peut alors rendre le vaccin inefficace) et enfin, le variant japonais ou brésilien (la souche B.1.1.248, très difficile à détecter), une nouvelle peur s'est installée. De même, lorsqu'une contamination record frappe les esprits : 300 000 nouveaux cas en moyenne par jour, en France, au lendemain des fêtes de fin d'année 2021 et au début de janvier 2022.

Une peur dans nos vies, confirmée par les plus hauts responsables : du premier ministre japonais Yoshihide Suga au directeur de l'OMS Tedros Ghebreyesus, en passant par le président du Conseil scientifique en France, Jean-François Delfraissy. Cette peur, c'est l'incapacité à détecter les mutations. C'est aussi le retard d'anticipation sur le séquençage qui conduit de nouveau à inquiéter les pays du monde entier.

La peur est une expérience existentielle universelle qui fait ressentir, dans sa chair et dans son corps, la valeur exacte de l'existence humaine, au moment précis où celle-ci est menacée par le danger réel. Par cette peur, nous expérimentons, sans que nous la connaissions vraiment en temps ordinaire, la fragilité de la vie. Ou, du moins, nous n'aurions pas de cette façon la sensation que la vie est éphémère et qu'elle peut disparaître à chaque instant, si la peur n'était pas un avertisseur de freinage et de limite.

Notre sentiment précède, suscite et accroît notre savoir. La peur accélère notre soif de savoir, comme une protection : c'est cela même que révèle la pandémie et l'attaque par un virus mondial.

Et, maintenant que nous réalisons que notre vie est menacée directement, qu'il faut en prendre le plus grand soin, et que les morts se comptent par centaines de milliers dans le monde – deux millions de morts en un an de Covid-19 sur la planète –, nous prenons alors conscience que certains risques ne doivent absolument pas être courus.

La simple possibilité que de tels risques puissent mettre en danger l'existence de l'humanité actuelle et future doit suffire à mettre en place une prohibition sanitaire et sociale. C'est ici que le combat sanitaire contre le Covid-19 rejoint, exactement sur le même plan, la lutte écologique contre la dégradation de la planète.

Les lanceuses d'alerte sont aujourd'hui les héroïnes de la jeunesse pour sauver le monde, la planète, le climat. Vanessa Nakate, Isabelle Axelsson, Jamie Margolin, Adenike Oladosu, Luisa Neubauer, Disha Ravi, Greta Thunberg, Anuna De Wever ou Carole Rackete se battent contre le réchauffement climatique, avec la même détermination et la même énergie que les médecins qui affrontent la pandémie de Covid-19 : il s'agit, dans les deux cas, de sauver l'avenir de l'humanité entière, face à l'urgence de la mort et de la destruction.

Les jeunes militantes et femmes engagées ne mâchent pas leurs mots. Au Forum économique mondial de Davos, le 25 janvier 2019, la jeune fille suédoise alors âgée de 16 ans s'exprime avec la sagesse d'un Hans Jonas : « Je veux que vous ressentiez la peur que je ressens tous les jours. Et je veux que vous agissiez comme vous le feriez en cas de crise. »

Le discours alarmiste de Greta Thunberg est à la mesure de l'urgence du désastre planétaire : elle seule semble comprendre que le temps n'est plus aux hésitations. En associant les deux termes « peur » et « crise » dans son discours, elle est beaucoup plus efficace que les politiques qui manifestent au contraire leur lenteur et leur incapacité à aller vite à l'essentiel : le jour même où la France dépasse 70 000 morts du Covid-19, le 16 janvier 2021, le « Monsieur vaccin » du gouvernement, Alain Fischer, n'a pas encore pris la mesure du rythme de vaccination qu'il faut mettre en place.

Les mots dans les médias de celui qui est nommé par le premier ministre Jean Castex, le 3 décembre 2020, pour coordonner la stratégie vaccinale de l'État français contre la pandémie, semblent montrer que rien n'est urgent, que rien n'est grave : « Il faudra peut-être songer à vacciner les enfants. » S'il est vrai que l'on connaît mal le virus, un an après le début de la pandémie, la rhétorique d'Alain Fischer incarne un mauvais réflexe, celui du « peut-être » ou du « on verra bien », à l'opposé de l'urgence incarnée par Greta Thunberg à propos d'une autre crise mondiale, tout aussi grave et urgente.

La peur, le danger et l'incertitude conduisent à l'éthique de la prudence et du moindre risque, autant qu'à une politique de l'accélération des mesures de protection et de soin. Il n'y a pas d'optimisme de l'ignorance ni de réussite du refus.

Le caractère irréversible des conséquences redoutées interdit de jouer aux dés et au hasard. Pourtant, en France, certains individus, comme les militants anti-masques, revendiquent un pseudo caractère libertarien, refusent toute obligation et s'opposent aux politiques de santé publique. D'autres ne comprennent pas l'importance des gestes barrières. Le relâchement observé vis-à-vis des contraintes dans la population inquiète fortement le Conseil scientifique, notamment pendant les mois de juillet et août 2020. Il est évident que l'État doit mettre tout le monde au diapason, car le virus ne pardonne pas.

À nouveau, les tergiversations gouvernementales n'encouragent pas la rigueur collective. Il faut que les discours soient plus fermes : lorsque le ministre de la Santé s'exprime à propos de la campagne de vaccination pour dire, en décembre 2020, que « le vaccin évite d'avoir des formes graves de la maladie, mais ne garantit pas d'éviter la transmission », la rhétorique manque à nouveau de rythme ferme, pour rappeler, d'une formule affirmative et engagée, que le vaccin doit continuer à s'accompagner des gestes barrières. Le message serait clair et passerait davantage auprès de la population. Les enjeux de communication, en vue d'échéances électorales, brouillent et parasitent la clarté de l'énonciation.

Sauver une vie est le bien le plus précieux, et l'éthique qui convient à cette règle est une éthique de la préservation, comme le rappellent les philosophes, d'Épictète à Jean Baudrillard. Préserver les vies humaines de toutes les possibilités de mise en danger. Et ce danger est multiforme : risque sanitaire, risque de contamination, risque de fragilisation des défenses immunitaires, risque d'inconnu et d'incertitude.

À la manière de Hans Jonas, qui dit que « les sciences de la nature ne nous disent pas tout sur la nature », on pourrait faire exactement la même remarque : le savoir médical ne sait pas tout de l'actuel virus. La responsabilité humaine consciente, sa représentation de l'anticipation, n'a qu'une vision partielle et limitée de l'ensemble du champ de la nature. Notre ignorance, qui peut être légitime, doit être compensée par notre action, dont la lenteur serait une grave erreur incompréhensible.

Ce que nous savons du virus reste évidemment limité par rapport à toutes les complexités et les interactions de l'environnement naturel. Provenances du virus ? Mutations du virus ? Effets indéterminés sur tel ou tel patient ? La nature est périssable, nous en sommes certains, et la nature reste une grande inconnue pour nous, il faut s'en persuader.

En même temps, l'humanité est responsable d'elle-même et de la biosphère et de toutes les espèces qui y vivent. « Rien n'est vrai, tout est vivant », affirme Édouard Glissant. C'est l'avenir commun de toutes les espèces et de toutes les formes du vivant, qui est la première obligation de notre comportement. Il faut sortir de l'anthropocentrisme et de notre petite préoccupation nombriliste, ce qui n'empêche pas, bien au contraire, de naturaliser en partie l'homme, en le rattachant à ses racines naturelles et à son origine biologique.

L'homme n'est pas un être supérieur à son environnement immédiat, dont il peut devenir le propriétaire et l'exploitant, le colonisateur et le dominateur. En 1637, dans son *Discours de la méthode*, le philosophe René Descartes fait l'éloge du triomphe à venir de la science et encourage la domination et la maîtrise techniques : « Les divers métiers de nos artisans, nous les pourrions employer en même façon à tous les usages auxquels ils sont propres et ainsi nous rendre comme maîtres et possesseurs de la nature. »

Par son savoir, sa technique et son progrès, l'être social et scientifique qu'est l'homme a voulu domestiquer les paysages, exploiter les espaces naturels, détruire les environnements sauvages. Quel affront ! Sa prétendue supériorité lui a fait oublier l'essentiel : l'homme fait partie aussi du monde des bactéries et des virus. C'est à trop vouloir s'arracher de sa biosphère naturelle qu'il en oublie d'où il vient et, qu'alors, la maladie le rattrape comme une inconnue dont il a perdu la proximité initiale et la véritable relation.

Nous sommes responsables du passé, du présent et du futur. Si ce que nous sommes aujourd'hui est une menace sur les générations futures, cela implique de modifier notre mode d'être, de vivre et d'agir, dès maintenant. Précurseur à sa façon de la théorie de la décroissance ou de la croissance bien comprise, *Le principe responsabilité* de Hans Jonas engage un processus de précaution et une éthique de l'autolimitation. Contre l'impétuosité du cartésianisme, il faut choisir une nouvelle philosophie, à inventer aujourd'hui pour le monde de demain, le prudentialisme.

La méthode d'anticipation de la menace ne conduit pas à l'inaction et à l'immobilisme. Au contraire, il faut admettre comme légitimes toutes les interventions qui permettront d'empêcher la propagation d'un virus. Ne laissons pas le hasard décider à notre place.

Et la vigilance à chaque instant oblige, régulièrement, à remettre en question les frontières entre ce qui est assuré et ce qui n'est pas garanti, entre ce qui est protégé et ce qui est menacé. À quoi faut-il renoncer ? Que faut-il accepter ? Telle opportunité doit-elle être saisie ou sera-t-elle trop dangereuse pour nous-mêmes, au final ? Comment intégrer la responsabilité envers le futur, qui paraît pourtant éloigné, dans les paramètres de la décision immédiate et directe, ici et maintenant ?

La politique, citoyenne et gouvernementale, individuelle et collective, est au cœur de l'éthique de la responsabilité.

Pour Hans Jonas, la politique du futur conditionnel conduit au ralentissement et à la mise au silence des dangers potentiels. Et, dans cette perspective, l'homme est responsable de la nature qui est, de fait, la condition de son vivre bien et, par chance, la possibilité de son bien-vivre.

Troisième partie : Georges Canguilhem

LA SANTÉ, L'AFFAIRE DE TOUS

La pandémie de Covid-19 a remis au cœur de nos préoccupations quotidiennes des questions fondamentales : préserver la santé, sauver la vie, protéger les plus faibles, se prémunir contre les virus. Car vivre, pour les humains et pour tous les animaux, est une adaptation permanente au danger. Le confort de notre société fait souvent oublier que la culture et la nature sont inséparables et que, derrière le social, il y a le vital.

Notre monde est fait de conservation et de nouveauté. Et le mécanisme des mutations et des évolutions fait aussi partie de l'histoire de notre société. Nous avons trop souvent l'impression d'une permanence immuable. La stabilité est une illusion, la situation des êtres humains n'est jamais définitive : nous sommes des êtres d'adaptation, des « nomades » en perpétuel mouvement, diraient Deleuze et Glissant. Et lors d'événements ou de drames qui perturbent nos habitudes, la transformation des temps et des espaces de vie nous oblige à surmonter des obstacles, des impasses et aussi à apprendre de nos erreurs.

Ne l'oublions pas, le biologique fait partie intégrante du social, il n'en est pas séparé : les bactéries et les infections ont un impact, le plus souvent indirect, sur notre manière de vivre. Nos façons de manger, d'éduquer, de nous déplacer par exemple, ne sont pas déconnectées de l'environnement naturel. Et aussi nos comportements vestimentaires et nos modes de travail ont un impact sur le naturel et le vital. Le rapport au corps reste encore un facteur de socialisation, dans nos sociétés virtuelles, dématérialisées et numériques.

La matérialité concrète de l'existence est un facteur dont il faut encore tenir compte aujourd'hui, même si notre esprit se connecte à des technologies hyper-abstraites. Rappelez-vous la manière dont Diderot associe corps organique et corps politique : pour le philosophe des Lumières, les individus se rencontrent dans la société comme les éléments physiques se croisent dans l'histoire naturelle. Nous sommes des atomes ou monades guidés par les mouvements de la matière vivante.

Passionné de sciences, de chimie en particulier, Diderot ne cesse de se demander ce qu'est un organisme, un agrégat, un atome. Et, pour lui, la sensibilité humaine est liée aux propriétés de la matière.

On le voit partout autour de nous, lors de la pandémie, le biologique bouleverse toute la hiérarchie socioculturelle, des structures économiques collectives aux idées sur le monde – ou, comme dirait Marx, de l'infrastructure des systèmes de production économique à la superstructure qui rassemble nos différentes représentations du monde (art, politique, religion…). Le biologique, invisible et inapparent quand tout va bien, modifie sans cesse et sans que nous en ayons conscience, notre rapport au monde, par les mouvements de notre corps et les interconnections notre esprit.

Comment séparer le biologique de nos activités les plus quotidiennes ? Le sport, le technologique, la façon de voyager ou de communiquer engagent ce qui se joue au niveau de la matière. Le physique et le corporel, l'hygiène et le mental, le comportement et le désir, sont en lien avec l'organique.

Dans ses analyses socio-historiques, Michel Foucault montre comment les thèmes de la vie et de la mort, du corporel et du mental, sont investis par la gouvernementalité d'un État. La citoyenneté – l'individu comme sujet politique – et la vitalité – l'individu comme être vivant – ne font qu'un. Foucault le précise : « Le biologique se réfléchit dans le politique », écrit-il dans *La volonté de savoir*.

Dans tous les domaines de la société, du juridique au médical, de l'économique au théologique, les dispositifs politiques vont « investir le corps, la santé, les façons de se nourrir et de se loger », conclut Foucault, en montrant que la vie ordinaire des populations est passée sous le contrôle du *biopolitique*.

Et l'organique reste encore pour nous un mystère, malgré des siècles d'avancée et de savoir. Pourquoi ? Parce que le corps humain est capable de bien des surprises, il est le lieu d'une plasticité et d'une innovation étonnantes. Le philosophe hollandais Spinoza nous le dit, dans la troisième partie de l'*Éthique*, intitulée *de Affectibus* : « Ce que peut le Corps, personne jusqu'à présent ne l'a déterminé [...], personne jusqu'à présent n'a connu la structure du Corps si précisément qu'il en pût expliquer toutes les fonctions [...] ; ce qui montre assez que le Corps lui-même, par les seules lois de sa nature, peut bien des choses qui font l'admiration de son Esprit. »

Ce mystère du corps nous fascine et nous permet d'imaginer les plus incroyables possibilités physiques – comme lorsque le sprinter jamaïcain Usain Bolt pulvérise le record de vitesse à Berlin le 16 août 2009 et devient l'homme le plus rapide du monde, avec un record de chronomètre de 9 secondes 58 centièmes sur 100 m. Ou lorsque le *base jumper* Félix Baumgarnter saute en parachute depuis une capsule spatiale dans la stratosphère à 600 km/h, le 14 octobre 2012. Ou lorsqu'après six mois de mission, Thomas Pesquet et trois spationautes de la mission Crew-2, Akihiko Hoshide, Shane Kimbrough et Megan McArthur quittent la Station spatiale internationale (ISS) pour revenir sur terre en novembre 2021.

Si le corps est capable de repousser ses limites, en bouleversant tous les repères établis, il est aussi au cœur de toutes les attentions et de toutes les convoitises : dans ce contexte, pour chaque société, une place essentielle est faite aux politiques du médical, qui font du corps l'objet d'études et de contrôles. Cette place, souvent implicite, ne se révèle qu'en temps de crise.

Dans la société techno-industrielle et techno-numérique, les rapports de l'homme au corps ont un caractère politique. L'enjeu est particulièrement fort : les institutions de soin et de traitement, les espaces de guérison et de remise en forme, les centres de sécurité sociale et de remboursement des frais d'hospitalisation, les structures d'accueil et de prise en charge dessinent une cartographie géopolitique. Sur le plan organisationnel et managérial, le statut des médecins, infirmiers, soignants, consultants, spécialistes ou généralistes, chercheurs ou pharmaciens engage une législation spécifique.

Or, la crise du Covid-19 révèle au grand jour la crise de la conscience médicale : les dispositifs politiques de la thérapeutique conditionnent le temps social et modifient l'espace environnemental des êtres humains.

Kant et la variole

Dans *Le Conflit des Facultés*, le dernier écrit qu'il publie de son vivant, en 1798, Kant s'interroge sur les méthodes de lutte contre la variole au XVIIIe siècle. La question posée par le philosophe est simple : pour ou contre le vaccin ? Est-il un danger potentiel ou une protection assurée ? Un risque ou un progrès ? Le médecin peut choisir d'expérimenter pour sauver des vies en vue de nouveaux remèdes plus rapides, ou de chercher au contraire des solutions moins brutales et indirectes, pour guérir autrement les malades.

En penseur moral, Kant pose ici la question de la finalité. Il écrit : « L'homme raisonnable a-t-il le droit de se donner la variole par inoculation, à lui-même et aux autres qui n'ont pas de jugement (les enfants) ? » Selon son biographe Ehregott Wasianski, un théologien prussien, Kant tranche cette question d'un point de vue personnel : « Kant mettait en doute, en se fondant sur le manque d'expériences suffisantes, la vertu préventive de la vaccination contre la variole humaine. »

Cette intéressante réflexion du philosophe de Königsberg montre l'exemple de l'intervention du principe de précaution dans une pensée rationaliste et universelle comme celle de Kant. Aujourd'hui, nous n'en sommes plus au même doute, et, bien sûr, les vaccins ont fait leur preuve depuis longtemps. Il ne faut pas en avoir peur : depuis des décennies, les campagnes de vaccination ont permis de sauver des millions de vie dans le monde.

Louis Pasteur est passé par là. Chimiste sans formation médicale initiale, il a bouleversé les pratiques de la médecine clinique, en révélant au grand jour le rôle des bactéries et des virus. Il a modifié les méthodes d'exercice de la médecine, et a ouvert les lieux de consultation : l'école ou la caserne sont devenues des centres où se faire vacciner pour prévenir les maladies. L'épidémiologie de Pasteur fait basculer la médecine du côté des sciences économico-sociales.

Progressivement, depuis cette époque, l'impératif de *santé* collective devient un impératif de *sécurité* collective. Les technologies politiques biologiques font de la bactériologie une forme de puissance politique. L'immunologie déploie les armes d'anticorps et d'antigène pour résister à l'agression extérieure. La politique médicale est un espace sociologique de premier plan.

Sommes-nous pourtant définitivement protégés ? Quand nous voyons la population britannique développer de fortes réactions allergiques après avoir reçu l'injection du vaccin de Pfizer et BioNTech contre le Covid-19, risquant de subir un choc anaphylactique ou une attaque de tachycardie, le risque zéro n'existe pas. Et lorsque la course au vaccin révèle que l'Europe est prête à se tourner vers le vaccin russe Spoutnik V, développé par l'institut russe Gamaleïa, pour pallier les retards de livraison annoncés par Pfizer et AstraZeneca, quelle garantie donner à la population européenne ?

Le haut représentant de l'Union européenne, Josep Borrell, affirme « espérer que l'Agence européenne des médicaments pourra certifier » le vaccin russe. Cet espoir, plus qu'incertain, révèle au contraire des complications à craindre, dues aux liens mêlés entre géopolitique et socio-médical, au moment même où Vladimir Poutine renvoie de Russie trois diplomates, un Allemand, un Polonais et un Suédois, accusés d'avoir manifesté leur soutien à l'opposant Alexeï Navalny, emprisonné dès son retour à Moscou le 26 janvier 2021 et condamné à une peine de prison ferme le 2 février 2021.

Comment l'Europe, dépendante de la Russie pour ses vaccins, peut-elle faire en même temps pression sur le Kremlin pour davantage de démocratie ?

Alors que le ministère français de la Santé annonce le 20 janvier 2021 que cent-quarante cas d'effets indésirables graves ou inattendus du vaccin sont recensés en France, et que cinq personnes sont mortes après avoir reçu le traitement Pfizer-BioNTech, même si elles avaient toutes plus de 75 ans, le doute éthique posé par Kant refait surface. Il nous amène à nous rappeler que la médecine n'est pas une science parfaite, une rationalité absolument exacte.

Diagnostic, pronostic, traitement, test et solution sont des hypothèses médicales, que l'on doit considérer comme de moins en moins fausses : on marche vers l'avenir à reculons. Le progrès est un éloignement progressif de l'erreur, rien de plus, ce qui est déjà beaucoup. La vérité n'est jamais définitive, elle est toujours provisoire. Comme le dit le philosophe et médecin Georges Canguilhem, « en médecine on n'expérimente, c'est-à-dire on ne soigne, qu'en tremblant ».

Nietzsche : l'humain au cœur du médical

Les analyses de Georges Canguilhem sont d'une lucidité renversante et d'une grande actualité. Dans les années 1950, il met déjà en garde contre l'absence de dimension humaine dans l'apprentissage dogmatique de la médecine en France.

De manière générale, la seule chose qui compte, dans les études de médecine, c'est le savoir brut. Rien que les données abstraites, rarement l'humain et la psychologie, regrette le penseur Georges Canguilhem : « À la Faculté de médecine, on peut apprendre la composition chimique de la salive, le cycle vital des amibes intestinales de la blatte de cuisine, mais il y a des sujets sur lesquels on est certain de ne recevoir jamais le moindre enseignement : la psychologie du malade, la signification vitale de la maladie, les devoirs du médecin dans ses relations avec le malade. »

Ce que dénonce ici Canguilhem, en 1959, est absolument limpide : aujourd'hui, la crise du Covid-19 doit aussi nous apprendre à revoir entièrement les interactions entre dispositifs de pouvoir et dispositifs de savoir. La soumission du savoir au pouvoir peut détruire les relations, interactions, recherches et communications au sein des services hospitaliers.

De plus en plus, on risque de voir la marchandisation du soin se développer encore davantage. Le pouvoir financier risque de détruire et de ravager la protection du vivant. Le manque de formation et la fragilité financière du système de santé conduisent à des situations intenables : par exemple, en 2020, dans la seule région des Hauts-de-France, 25 000 mammographies ont été annulées. Ce scandale a une raison financière : le dépistage du cancer du sein a été fortement retardé par manque de moyens à cause du Covid-19. Cette priorisation par l'argent, ou par le manque d'argent, comporte une forme de déshumanisation du médical, véritable signal d'alarme de la faillite d'un système.

Notre responsabilité comme citoyennes et citoyens est de ne pas laisser les politiques médicales du soin aux mains de bureaucrates irresponsables et de gestionnaires incompétents.

Il faut donc réfléchir à ce que soigner veut dire, au-delà des chiffres, des données et des statistiques. C'est tout le sens de la pensée du *Care* : philosophie de l'empathie et de l'émotionnel, l'éthique du Soin considère que la sollicitude est première, que l'attention à l'autre est une priorité éthique. Développée par la théoricienne Carol Gilligan en 1982 (*In a different voice*) puis par la politologue Joan Tronto en 1993 (*Moral Boundaries*), l'idée de bien-être et de mieux-vivre doit l'emporter sur le calcul froid et la gestion déshumanisée.

Avec le médical, c'est tout un projet de société qui accompagne le renouveau de la vision du corps et le besoin d'attention porté à autrui, dans un monde de l'abandon et du chacun-pour-soi.

Du côté de Nietzsche, la leçon philosophique du penseur au marteau est percutante : « Il n'y a pas de santé en soi », écrit-il dans *Le Gai savoir*.

Pour le philosophe-artiste, la santé n'est pas non plus un simple ensemble de données objectives. C'est autre chose, qui inscrit le corps dans une série de paramètres liés à notre choix singulier de vie : pour Nietzsche, fin psychologue, l'état de santé dépend des buts, projets, horizons et défis que l'on se pose. La santé varie aussi selon la perception que nous avons de nos peurs, de nos fantasmes ou de nos pulsions. De quoi le corps est-il capable ? Quels sont mes rêves et mes envies ? Comment envisager son propre corps dans une visée de sensations renouvelées ? Le détour par d'autres soins et d'autres thérapies peut amener l'être humain vers d'autres perspectives sur lui-même, explique Nietzsche, pour qui « l'homme est un animal malade ».

De notre âme et de notre culture dépend la manière dont nous percevons santé et maladie et ce qu'elles signifient pour nous. L'interprétation de l'état de notre corps, la vision subjective que nous en avons entre pour beaucoup dans ce que santé veut dire. Avec Nietzsche, la perception sensible rentre en compte, et nous sommes loin d'une réduction du corps à une série de données brutes, objectives, scientifiques et calculables.

« Il existe d'innombrables santés du corps », écrit Nietzsche. La conséquence est d'ouvrir les horizons de perception et de sensibilité, pour ne plus limiter la santé à quelques facteurs de surface. « Il faut que nos médecins se débarrassent du concept de santé normale, de régime normal et du cours normal de la maladie », conclut le philosophe.

Médecin de l'âme, artiste du diagnostic et penseur de la santé sociale et mentale, Nietzsche décrypte les maux de son époque et les absurdités du monde. Alors que, depuis des millénaires, les philosophes ont toujours opposé la raison au sensible, comme on opposerait le bien au mal, Nietzsche bouleverse le rapport de force : il place la vie au cœur de la pensée et considère qu'il est insensé de nier l'existence organique. De plus, il montre comment la folie la plus destructrice provient souvent de la raison la plus froide, comme le pangermanisme ou l'idéologie totalitaire.

Pour Nietzsche, les philosophes ont longtemps rejeté le corps, les sens et le sensible comme superficialité inutile. La société occidentale rationnelle considère le physique comme une simple enveloppe charnelle, une peau éphémère et sans intérêt. Alors que les philosophes méprisent les organes et prennent comme conditions d'existence l'inverse du vivant, la norme permanente de la raison objective, la pandémie de Covid-19 rappelle que la santé est au cœur de toutes nos préoccupations les plus essentielles.

Nietzsche déconstruit l'illusion métaphysicienne des philosophes : la « volonté de vérité » est une pathologie dangereuse, explique-t-il. L'obsession de posséder la vérité est selon lui une pulsion qui s'apparente presque à une « volonté de mourir ». La vérité écrasant le corps est un désir morbide de nier la vie. Penseur de la santé et du souffle vital, Nietzsche se place du côté du sensible qui dit oui à la vie.

Les idées de Nietzsche affirment l'importance de valeurs humaines essentielles comme le désir, le mouvement, la liberté, le corps, le plaisir, la création et l'art. Ces valeurs sont profondément liées à la réalité de notre univers, sans visée d'arrière-monde ni recours à l'au-delà.

Avec Nietzsche, la fragilité de la vie n'est pas écartée ou dévalorisée. Elle est remise au cœur du monde et de la société, de la pensée et des idées. Porter des masques, se tenir loin les uns des autres, respecter les mesures de confinement, pour ne pas s'exposer au danger ou mettre en danger la vie d'autrui, ce sont finalement des mesures nietzschéennes, qui tiennent compte de l'éphémère du corps, de la fragilité du sensible, de la menace qui pèse sur le physique.

Nietzsche n'est ni anarchiste ni nihiliste. Et les mesures-barrières de 2020-2021 nous rappellent que le vital contient le social et le dépasse, l'intègre dans chaque détail de la vie quotidienne.

Rarement la vie des citoyens a été aussi bousculée, percutée de plein fouet, comme elle l'est par l'épidémie virale de Covid-19. Cette redécouverte du corps comme enjeu premier conduit à s'interroger sur les préoccupations les plus essentielles de notre temps.

La précarité de la vie est une philosophie

L'être humain vit entouré de virus et de maladies. La peste, le cancer, le zona, la leucémie, la pneumonie, la tuberculose, la fièvre, l'asthme, le diabète sont des perturbations violentes qui affectent le corps et qui sont ressenties comme un désordre par toutes les espèces du vivant, pouvant conduire tragiquement à une perturbation ou une fin de vie. La maladie et la mort sont des risques pour le vivant en général, risques à la fois pour l'animal, le végétal ou l'humain. Quel regard porte la société sur la maladie, et ce regard a-t-il évolué ?

Dans la société contemporaine, la médecine est devenue tout à la fois la science théorique de la recherche et la pratique journalière des maladies. Tout au long de l'histoire, le savoir associé aux traitements est l'aboutissement d'une série de crises et de progrès, de variations avec des hauts et des bas sur le plan des consultations et des examens, des analyses et des lectures de résultat. Toute cette pratique de savoirs et d'essais modifie considérablement le changement de perspectives sur l'état des maladies.

Les médecins sont confrontés régulièrement à de nombreux bouleversements, dans leurs prévisions et leurs analyses. Par exemple, la validité d'un diagnostic sur la localisation d'un agent pathogène et la place d'un élément réparateur. Où sont-ils situés ? Prenons quelques exemples qui montrent l'accélération des découvertes en immunologie. En 1890, Robert Koch découvre la tuberculine, progrès essentiel dans le dépistage de la tuberculose et qui permet d'accélérer la fondation de la bactériologie ; en 1894, Émile Roux développe la sérothérapie grâce au sérum antidiphtérique ; en 1896, Fernand Widal diagnostique la fièvre typhoïde ; en 1898, August von Wassermann applique le sérodiagnostic pour traiter la syphilis.

Cette liste à peine esquissée des progrès de la médecine montre les avancées historiques de la mise en place de la défense (« anticorps ») pour tuer les virus et empêcher la formation d'agents infectieux (« antigènes »), grâce à la mémorisation objective par le corps des menaces précédentes.

La pandémie virale que nous traversons illustre l'évolution des rythmes des infections, et l'accélération du déplacement permanent par mutation d'une maladie.

L'infection par le Sars-CoV-2 a fait l'objet d'examens génétiques. Les résultats montrent que la médecine n'en est qu'à son début, en ce qui concerne la connaissance de ce virus. Née en 2006 à propos de la grippe aviaire, la plateforme Gisaid a identifié pour l'instant 100 000 génomes en constante évolution liés à ce virus. La médecine génétique n'avait pas du tout encore pris en compte l'étendue des arbres phylogénétiques de ces virus mutants.

Si le site d'infection du virus dans le corps se déplace sans cesse, cette insaisissabilité a des conséquences sur les lieux d'observation et les protocoles cliniques : au Royaume-Uni, les investissements ont dépassé 20 millions de livres pour développer les plateformes de séquençage du Covid-19. Cela montre l'ampleur du travail qu'il reste à accomplir.

La création d'équipements spécialisés au Centre national de référence (CNR) de Lyon en février 2021 permet de séquencer deux-cents échantillons de tests PCR positifs. L'objectif : réussir à cibler le variant et à détecter la mutation du virus.

La question du ciblage et de la détection du virus a toujours été l'enjeu pour la mise en place de protocoles efficaces de guérison. La médecine évolue sans cesse sur ce point : les maladies ont d'abord été localisées dans l'organisme et les organes, puis dans le tissu, la cellule, le gène ou l'enzyme. La précision d'identification suppose des moyens techniques et financiers considérables. Il faut perfectionner les ordinateurs, les machines médicales et les outils techniques. L'histoire de la médecine rappelle le rôle des salles d'autopsie, des laboratoires et des lieux scientifiques, avec des outils de plus en plus performants. L'évolution des matériaux physiques, électriques, radiologiques, scannographiques, échographiques, en optique ou biochimie, participe du protocole scientifique en perpétuelle évolution.

La lutte contre le Covid-19 illustre le combat du vivant, qui s'efforce de rester en vie et qui développe des valeurs biologiques de régulation et de production, pour assurer sa cohérence interne. La survie maintient l'effort de cohésion et de développement contre les risques de destruction. La possibilité de la mort suscite l'effort de développement du vivant, comme le montrent les travaux de l'immunologiste Jean Claude Ameisen, autant sur la mort cellulaire que sur l'évolution darwinienne.

De son côté, le médecin et philosophe Georges Canguilhem, qui fut aussi un grand résistant, et qui influença de nombreux chercheurs – il fut par exemple le directeur de thèse de Pierre Bourdieu – a conscience des limites de la puissance médicale, face à l'éphémère de l'existence.

Pour ce penseur, la vie est d'abord une fragilité, face au danger, devant la maladie et la mort : « La valeur de la vie, la vie comme valeur ne s'enracinent-elles pas dans la connaissance de son essentielle précarité ? »

La valeur de la vie est d'autant plus importante qu'elle porte en elle la conscience de sa fragilité. Reconnaître cette précarité, présente à chaque instant dans notre mode de fonctionnement humain, c'est avoir conscience que la destruction est possible et que la vie est incertaine. L'immanence du vivant et la finitude de la vie nous obligent à inventer notre vie pour ne pas la subir, afin de la construire et de la faire évoluer dans le bon sens.

Arbitraire et interactions

Il y a divers degrés dans la perturbation du vivant. Et il y a également la prise de conscience qui accompagne la stabilité précaire et éphémère de la vie. Ce que nous prenons souvent pour une évidence définitive, notre manière de vivre, de marcher, de manger, de parler, relève d'un processus provisoire et momentané.

Les normes et habitudes sont bousculées par le doute, l'inquiétude, l'angoisse, le risque, le danger, la maladie ou la mort qui frappe. Chaque perturbation désigne l'expérience que l'individu fait de sa propre fragilité. La maladie est un ébranlement de l'existence, elle la met en danger. « Être malade, c'est vraiment pour l'homme vivre d'une autre vie », précise Georges Canguilhem. Ce que le philosophe-médecin veut dire par là, c'est qu'une maladie, comme le diabète par exemple, ne transforme pas seulement les fonctions de l'organisme. L'irruption d'une maladie fait apparaître une autre forme de vie : nouvelles habitudes alimentaires, d'autres façons de faire du sport, une certaine attention régulière à son corps dans toutes les pratiques de la vie quotidienne. Le cancer, par exemple, oblige à voir l'existence, son entourage, son métier, ses loisirs, sous un autre jour.

Vivre, c'est une adaptation permanente, un changement sans fin à ce qui arrive et qui perturbe notre quotidien.

Il est certain que l'épidémie de Covid-19 n'est pas une maladie comme les autres, elle ne sépare pas la population entre personnes atteintes et individus infectés. La maladie de Covid-19 est aussi un bouleversement complet de la société. Il n'y a pas d'un côté les personnes concernées directement et qui verraient leur vie bouleversée par la maladie, et de l'autre les autres, les personnes en bonne santé, qui continueraient leur vie comme avant, comme si de rien n'était. Cette distinction n'a pas de sens, elle n'a pas lieu.

Tout le monde voit sa vie changer et métamorphoser par le Covid-19 : nos vies ne sont plus jamais les mêmes, du petit enfant en classe maternelle, qui vit à la campagne ou à la ferme, qui doit se laver les mains plusieurs fois par jour tout seul pendant au moins trente secondes, et apprendre avec ses camarades les gestes barrières ; à la grand-mère âgée qui réside en Ephad dans un centre urbain ou une grande ville, et qui ne peut pas avoir d'interaction avec sa famille, alors que les fêtes de Noël 2020 ou 2021 approchent.

Rares sont les maladies à interroger ainsi le social, voire à remettre en cause à ce point l'ensemble des comportements sociaux : travailler, se déplacer, s'alimenter, consommer, s'éduquer, se divertir, faire du sport, voyager, aimer, se rassembler, se séparer, se construire.

Le Covid-19 est apparu tristement dans nos vies autant par ses symptômes pathologiques que par ses répercussions sociales : rythmes de vie, régimes d'alimentation, organisation de l'éducation, tempos du télétravail, tous les secteurs de la société sont impactés par la maladie.

C'est la caractéristique d'une pandémie de bouleverser de cette façon l'ordre habituel du quotidien. Entre les personnes malades et les gens en bonne santé, la dimension normative de la maladie occupe le devant de la scène : ce qu'il est autorisé de faire, et ce qu'il est interdit de pratiquer. La maladie a rapidement produit tout un ensemble de normes sanitaires et de règles sociales, par décision médicale autant que par décret du politique.

Que signifie cette transformation de la société, par la violence d'une maladie, aussi grave et dangereuse ? La nécessité vitale de la régulation immanente existe depuis toujours, explique Canguilhem, et elle conduit à l'arbitraire social de décisions normatives.

Une société se construit autour de normes arbitraires et transcendantes aux objets normés. Par exemple, l'écartement de plus d'un mètre entre chaque citoyen pour éviter la contagion répond à un impératif comportemental. Ce qui pose problème, c'est dans ce contexte l'extension d'une norme sanitaire légitime à une surveillance politique accrue et généralisée. Face à ces dérives politiques, la coordination #StopLoiSecuriteGlobale de la Ligue des droits de l'homme appelle à manifester le 16 janvier 2021, pour mobiliser les citoyennes et citoyens dans une société qui risque de confondre protection et contrôle.

Il n'existe de normalisation sociale que parce que la société se définit par un ensemble d'exigences collectives, articulées autour d'une structure étatique et directrice, définissant le bien singulier de ses concitoyens. La norme cesse de valoir comme régulation interne et légitime. Elle est désormais imposée de manière prescriptive. Tandis que la norme traduit, sur le plan vital, la présence évidente et naturelle d'un organisme, cette même norme, sur le plan social, exprime au contraire que la société est un problème qu'elle doit réguler et structurer.

On le voit, réguler socialement une épidémie ne va pas de soi, puisque des problématiques diverses se rejoignent : protéger les citoyens, est-ce limiter leurs libertés ? Que faire lorsque nature et culture s'entrechoquent ? Comment réagir lorsque la maladie percute le fonctionnement de la société ? La mort face à la vie, est-ce un problème à résoudre ou une situation à accompagner ? Sommes-nous prêts à vivre avec l'idée permanente de la mort, idée humaine à la fois incarnée par les limites et restrictions sociales, autant qu'imposées arbitrairement par les mesures sanitaires ?

Que devient une vie devant la menace ?

L'après Covid-19, dans la mesure où la société a commencé à s'habituer à vivre avec le coronavirus, se caractérise par la conscience du risque, par la permanence de la fragilité et par le danger de la perte.

Si les mesures de contrôle sont nécessaires pour protéger les citoyens, la vie et la conscience de vivre sont définitivement perturbées et modifiées, au-delà des passes sanitaires, des vaccins, des tests ou dépistages obligatoires lors des déplacements et regroupements. Le sens d'une altération possible (tomber malade) modifie l'état normal (la bonne santé) qui, de fait, ne l'est plus : avoir conscience d'être en bonne santé, et espérer le rester le plus longtemps possible, ce n'est pas la même chose que vivre normalement.

Interrogée en mai 2020 sur une chaîne de radio, la psychanalyste Claude Hamos, qui a travaillé avec Françoise Dolto, parle de « survie psychologique », et montre que nous avons dépassé le degré d'angoisse vers une peur bien réelle.

Le plus compliqué à vivre, pendant cette période, réside dans le fait que même le geste le plus banal ou ordinaire devient suspect et potentiellement dangereux. Se sentir apaisé ou rassuré devient presque impossible, au fur et à mesure que chaque lieu de vie est remis en question : les cafés et restaurants, les salles de spectacle et de concert, les lieux de sport ou les formations sociales, les écoles et les entreprises, les centres de loisir et lieux de vacances... même la maison ou le foyer peuvent être porteurs du virus. Comment y échapper, psychologiquement ?

La jeunesse française, qui pourrait paraître forte et capable de surmonter des défis contraignants, craque et laisse apparaître sa fragilité : en 2021, l'hôpital de la Pitié-Salpêtrière a vu une forte hausse des demandes d'admission dans l'unité pédopsychiatrie, pour soigner les anxiétés, dépressions et troubles psychiques chez les 6-12 ans et 12-20 ans. « Cette pandémie affecte sévèrement la vie des enfants et leur bien-être », indique Isabelle Hauffels, responsable à UNICEF Luxembourg, qui a mené des recherches *Covid-kids*. En Belgique, un adolescent sur cinq présente des symptômes de dépression pendant les confinements de 2020.

Et que dire du jeune étudiant britannique de 19 ans, Joseph Flavill, plongé dans le coma depuis début mars 2020, suite à un accident de la route, et qui s'est réveillé onze mois plus tard, en février 2021 ? Après une expérience traumatisante, il refait surface dans un monde qui a changé, où ses camarades et amis ont dû modifier leurs modes de vie, pour s'adapter au virus et vivre autrement. La solidarité, elle, n'a pas disparu : pendant les confinements, la famille de Joseph Flavill a recueilli 33 000 livres de dons, environ 37 400 euros, pour financer les soins du jeune homme à son réveil.

Imaginez la réaction de ce garçon à son retour, passant d'un monde sans Covid en début 2020, à un monde totalement transformé un an après, bouleversé par les mesures sociales et politiques liées à la pandémie. Comment voit-il le monde ? On peut imaginer sa surprise, tel un *hibernatus* ayant vécu éloigné de la terre pendant quelque temps : le surgissement de nouvelles règles de vie dans l'espace social révèle la possibilité d'inverser nos modes d'existence (travailler chez soi et non plus à l'extérieur, par exemple) et montre une certaine artificialité de nos attitudes sociales, même si nous y tenons fortement, puisque ce sont les nôtres.

Au réveil de son coma, Joseph Flavill peut faire cette expérience philosophique : vivre, c'est toujours se référer à un ensemble de choix définis et de valeurs attribuées à nos comportements. Le sens de la normalisation trouve son expression sociale dans des habitudes qui apparaissent « naturelles » et dans des attitudes qui, au moment où elles sont corrigées ou modifiées, nous dévoilent toute leur relativité.

À l'inverse, tous les gestes nouveaux qui sont apparus en un an (gestes barrières, distanciation sociale, masque obligatoire), peut-on dire s'ils sont naturels ou artificiels ? La question se déplace, car ces mesures de protection face à la maladie apparaissent comme une tentative de rationalisation du social et d'épreuve régulatrice.

De manière générale, avec le hashtag #Restecheztoi pendant l'année 2020, ou les incitations #Stayathome et #IStayHomeFor, deux plans de l'existence se mélangent : d'un côté, l'organisation de la vie sociale, et l'ensemble des activités collectives (loisir, travail, déplacement) ; de l'autre, la manière d'écouter son corps et de suivre des règles d'hygiène de vie individuelle (impératif de se protéger et de surveiller son corps). L'interconnexion entre le domaine personnel et le l'édifice social a été profondément perturbée pendant la crise du coronavirus. Tous nos repères et nos modes de fonctionnement ont été soumis à rude épreuve.

Vivre avec le Conseil de défense

Dans le contexte imposé par le Covid-19, les protocoles sanitaires sont présents désormais dans tous les domaines de la société : école, transport, entreprise, café, restaurant, cinéma.

Chaque semaine, de nouvelles consignes sont mises en place. Le ministère de l'Éducation annonce, le 8 février 2021, que les élèves de tous les établissements scolaires de France devaient désormais porter un masque. Ce masque, homologué de catégorie 1, filtre plus de 90% des particules. Il est plus efficace et remplace les masques faits maison ou issus d'autres types de fabrication. Le 10 novembre 2021, quarante nouveaux départements de France sont concernés par le retour du protocole sanitaire renforcé à l'école, à cause de la cinquième vague, alors que quelques jours auparavant l'inverse était annoncé. L'exemple du masque en milieu scolaire, anodin en apparence, confirme le changement de société dans laquelle nous vivons et l'adaptabilité permanente dont il faut faire preuve désormais. Autre exemple : face à l'accélération du *rythmovirus*, la France ouvre, le 22 décembre 2021, la vaccination à l'ensemble des enfants de 5 à 11 ans.

Alors que la circulation de plusieurs variantes du SARS-CoV-2 devient plus menaçante que la souche initiale, la stratégie gouvernementale consiste à renforcer le pouvoir du Conseil de défense sanitaire et du Conseil scientifique.

Organisation opérationnelle directement rattachée au système de gouvernance présidentielle, le Conseil de défense décide de mesures politiques qui ne sont pas l'objet de discussion au parlement. Ce raccourci, sans liaison parlementaire, est-il un accélérateur démocratique d'efficacité ou un facteur d'opacité ? Favorise-t-il une réactivité politique rapide ou coupe-t-il l'herbe sous le pied du parlementarisme ?

En février 2021, le premier secrétaire du Parti socialiste dénonce des manœuvres opaques, et affirme au micro d'une station de radio : « C'est la démocratie qui est confinée, lorsque l'on voit l'opacité permanente du Conseil de défense », affirme Olivier Faure.

Entre transparence et opacité, le défi de la crise sanitaire engage une nouvelle vision de la société. La gestion politique du Covid conduit à l'instauration d'un double régime, qui légifère à la fois la régulation vitale et organique (le corps et la liberté) et la régulation sociale et collective (les règles et les limites). La citoyenneté se trouve ainsi engagée dans un processus de biologisation du social : de l'individu biologique, nous sommes passés à la société biologique, où tout est viral, sanitaire, médical.

La société va-t-elle nous protéger contre nous-mêmes, contre nos propres corps ? La normalité sociale est fragilisée par l'expérience vécue, et ressentie par chaque être humain vivant lors de la pandémie : nos précarités sanitaires sont devenues des normes régulatrices existantes. Le vécu social est investi par un arbitraire des normes. C'est un paradoxe difficile à supporter : le provisoire devient le permanent. On le sait dans le domaine des sciences sociales, toute norme posée n'est jamais définitive et peut être interrompue. L'affirmation d'une norme sociale suppose la possibilité de sa disparition. Or, la situation exceptionnelle de la pandémie conduit à instaurer des espaces de restriction conditionnés et durables, qui réduisent l'organisme vital à sa détermination sociale.

L'emprise du social sur le vital conduit à des nouvelles politiques d'expansion et de contrôle : le 21 février 2021, lorsque le Zimbabwe commence sa campagne de vaccination pour protéger ses citoyens, il est le premier pays africain à recevoir 200 000 doses du vaccin chinois Sinopharm.

Les scientifiques sont au service des politiques, l'économie vaccinale fragilise l'indépendance nationale, locale ou régionale. Le vice-président zimbabwéen, qui est aussi ministre de la Santé, Constantino Chiwenga, confirme devant les caméras la confiance dans le vaccin chinois, malgré les réserves et les mises en garde internationales à ce sujet. La pandémie est un facteur de socialisation du vital. La crise que nous traversons ne fait que révéler le caractère relatif des normes, en même temps qu'elle renforce et maintient leur durabilité.

La médecine, philosophie de la vie

Dans son troisième roman, *Perturbation*, en 1967, l'écrivain autrichien Thomas Bernhard choisit de traiter le thème des pathologies médicales.

Soucieux d'explorer l'étrangeté psychologique au-delà de la dégradation physique, Bernhard insiste sur la subjectivation psychique à l'œuvre, dans la relation qui se tisse entre un médecin et ses patients. À travers le narrateur, un adolescent qui accompagne son père lors de ses visites, la désespérance solitaire est montrée comme le mal le plus grand dont puissent souffrir les malades rencontrés. Ce qui compte n'est pas le savoir médical, mais la prise en compte d'une situation relationnelle précise, dans laquelle la maladie prend tel ou tel sens selon chacun. La médecine est un art de l'instant, une méthode qui fait face à l'imprévisible et à l'expérimentation. Il n'y a aucune vérité établie de manière définitive. Comme le dit Georges Canguilhem, « soigner, c'est faire une expérience ».

Les savants, docteurs et médecins traversent toute l'histoire de la littérature : on se souvient bien sûr de Molière, qui fait la satire anthropologique d'imposteurs, et écrit des farces sur les charlatans (*Le médecin volant*, *L'amour médecin*, *Le Malade imaginaire*, *Le médecin malgré lui*). D'autres figures médicales s'inscrivent dans la fiction romanesque : le médecin hypnotiseur chez Jules Vernes (docteur Antékirtt dans *Mathias Sandorf*) ; les prêtres-médecins de Martin Balmont (*La Conquête du Thorland*) ; le créateur-alchimiste et médecin thaumaturge, Frankenstein, dans le célèbre roman de Mary Shelley ; le fou épris de surnaturel (*L'île du docteur Moreau* de H.G. Wells) ; le médecin-magnétiseur chez Maupassant (le docteur Parent du *Horla*) ; le docteur chasseur de vampires (Van Helsing dans *Dracula* de Bram Stoker) ; et encore *Knock ou le triomphe de la médecine*, pièce en trois actes de Jules Romains, mis en scène par Louis Jouvet à sa création.

À la scène 1 de l'acte I de *Knock*, cette sentence sonne comme une incursion du médical dans le social : « Les gens bien portants sont des malades qui s'ignorent. » La maladie est finalement un processus de subjectivation et de constitution de soi, à travers lequel le patient se regarde comme souffrant, et par lequel le pathologique s'inscrit dans le corporel, dans le psychique, dans le mental et finalement dans l'imaginaire.

La littérature offre un ensemble d'expériences-limites et de situations critiques, où le vivant est exposé à la possibilité de la souffrance, au mal vivre et à la mort.

L'individualité et la subjectivité participent du regard sur la maladie, vécue dans l'angoisse intime des personnages. Fils du chirurgien Adrien Proust et frère du médecin Robert Proust, l'écrivain Marcel Proust souffre d'asthme et de neurasthénie. *À la recherche du temps perdu* évoque, à plusieurs reprises, de nombreuses références aux travaux médicaux de l'époque, à travers l'influence des scientifiques de la fin du XIXe siècle, comme Morel, Ribot, Ravaisson, Charcot ou Ballet.

Les maladies dont souffre Proust ou le narrateur participent de la construction de l'œuvre romanesque. Allergies, attaques d'asthme bronchique, altération des voies respiratoires, infections ou asphyxies rythment la vie du narrateur. Le risque de suffocation amène le personnage principal à une conduite éthique, où chaque geste doit trouver le bon moment pour agir, en situation de crise ou de panique. À l'exemple de la *Recherche*, mais aussi chez Albert Camus, Roland Barthes ou Michel Foucault, la subjectivité du malade devient un point de référence, un élément central permettant de dévoiler, à travers l'expérience, l'existence d'une individualité organique, qui construit sa relation à la vie à partir d'un rapport personnel et sensible à son corps et à soi.

La valeur médicale n'est désormais plus distincte de la valeur humaine et de la valeur sociale. Le vivant n'est plus pensé comme un simple mécanisme, il doit tenir compte d'éléments d'individualité et de subjectivité.

L'art de guérir et la capacité de soigner ne sont pas un jugement froid et objectif sur un corps, c'est un ensemble de pratiques qui renvoie à un groupe de valeurs. Ces références, personnelles et collectives, conscientes et inconscientes, internes et externes, construisent notre société et notre rapport au monde.

Si la mort force la vie à lutter contre ce qui menace notre environnement, comme l'écrit l'anatomo-pathologiste Xavier Bichat – « la vie est l'ensemble des fonctions qui résistent à la mort », dans *Recherches physiologiques sur la vie et la mort* (1800) –, notre société doit tout faire pour comprendre ce qui peut détruire notre état de santé. Ainsi, en mai 2020, les autorités sanitaires mondiales, sévèrement critiquées par les Occidentaux pour n'avoir pas immédiatement saisi la gravité du nouveau coronavirus, ont commencé à prendre la mesure de ce qui menaçait la vie sur la planète.

Avec cette prise de conscience que l'existence terrestre pouvait disparaître, l'OMS a alors immédiatement appelé Pékin, pour ouvrir auprès du gouvernement chinois une enquête sur les origines animales du virus. « L'OMS souhaite travailler avec des partenaires internationaux et, à l'invitation du gouvernement chinois, participer à l'enquête sur les origines animales », indique le porte-parole de l'OMS, Tarik Jasarevic. Il s'agit alors de reconnaitre, à demi-mots, le retard pris dans la juste perception de la situation mondiale par l'OMS.

Qu'est-ce que la vie normale ?

Rien ne sera peut-être plus comme avant, tel est l'adage qui accompagne le bouleversement du monde provoqué par l'arrivée du coronavirus. Pourtant, la vie n'est pas faite d'état stable sur une longue période de « tranquillité », auquel succéderait un état perturbé de courte durée. En réalité, l'existence vitale, biologique et sociale est sans cesse en mouvements, et la maladie fait partie de la vie.

Notre monde est fait de formes de vie multiples, toujours différentes et transformées, sans véritable retour à l'état normal ou initial, qui n'existe pas vraiment d'ailleurs.

Notre vie est-elle un flux sans fin et sans limite ? Le philosophe et père de la médecine, Hippocrate, considère à son époque que la médecine est l'art d'observer la nature, capable par elle-même de rétablir l'état de santé de l'organisme. Peu de temps après, le fils de médecin et philosophe Aristote définit la vie non plus comme une nature mais comme un art. Il définit le corps vivant, organisé et animé, comme un organe mis en mouvement par une âme.

À l'époque dite « moderne », Montaigne considère que l'expérience en matière d'hygiène et d'alimentation permet de connaître son corps et ses limites. La connaissance de son mode de vie offre la possibilité de vivre en adéquation avec son propre jugement, de suivre ses appétits et ses désirs, au-delà « bien largement de toute conclusion médicinale ». Au siècle suivant, Descartes considère que « chaque homme peut être son propre médecin ».

Le grand bouleversement vient avec Darwin : l'aléatoire et l'adaptabilité relationnelle remplacent la régulation. Chaque situation rejoue le basculement entre la vie et la mort, sans ordre préconçu ou définitif. En 1859, *De l'origine des espèces* est un ouvrage révolutionnaire. Les idées de Darwin renversent notre rapport au monde : nous sommes dans un état précaire et instable, jamais assuré ou garanti, en perpétuelle transition et adaptation. Avant Darwin, la disparition de la vie sur Terre était un régulateur des existences sur la planète (Buffon) ou un élément d'équilibre naturel de l'univers (Linné). Désormais, « la vie est un tourbillon continuel », selon l'anatomiste Georges Cuvier, « un ressort qui meut les éléments du corps vivant et les transporte sans cesse » (*Histoire des progrès des sciences naturelles de 1789 à nos jours*, 1810).

L'enjeu se déplace ensuite au niveau du vivant singulier, dans sa relation avec le milieu qui l'entoure. L'individu vivant lutte pour survivre, face à l'hostilité qui l'environne. Il se bat pour rétablir « sa forme, son unité, son individualité morphologique » (Claude Bernard, *Leçons sur les phénomènes de la vie communs aux animaux et aux végétaux*, 1ère leçon, 1878). Tous les êtres qui vivent sur Terre sont dans un état organique et naturel de non-équilibre. Notre vie est une perpétuelle transformation et modification de notre relation au monde, dans un état d'ouverture et de rencontre avec le réel.

Vivre, c'est sentir ce qui nous entoure et réagir aux autres vivants, au sein d'un flux énergétique et magnétique. Fondateur d'un système médical vitaliste au début du XIXe siècle, le médecin écossais John Brown, inventeur des notions de sthénie et d'asthénie, considère la santé et la maladie comme des rythmes complémentaires qui déploient sans cesse une activité : « Jamais d'inaction », écrit-il.

Roland Barthes : rythmes de vie et de mort

La médecine est encore de nos jours dominée par un certain positivisme. Le traitement clinique des pathologies passe toujours par l'exclusivité de la recherche de causes objectives, sans tenir compte de la singularité des cas et de la subjectivité des malades.

Ce néo-scientisme dogmatique sème encore le trouble dans la formation médicale et dans le jugement des médecins. Sur le terrain, se retrouvent scientifiques et politiques, tous persuadés de détenir la vérité : la confusion est alors inévitable. Comme l'illustre le débat entre l'Académie de médecine et le ministère de la Santé, le 25 janvier 2021 : d'un côté, Olivier Véran recommande aux Français de « ne plus utiliser de masque artisanal » ; à l'opposé, Yves Buisson, de l'Académie de médecine, se range de l'avis de l'OMS : « Ces variants se transmettent de la même façon, on s'en prémunit donc de la même façon. » Alors que les autorités sanitaires se divisent sur l'efficacité du masque en tissu fabriqué à la maison, ce débat politique sur le masque paraît vite dépassé, face à l'urgence véritable. Il n'est en tout cas pas prioritaire.

Qui aura le dernier mot ? Le pouvoir politique ou scientifique, comme tout pouvoir, ne recherche qu'une seule chose : conserver le pouvoir, garder la première place.

Penser les risques de contamination par le coronavirus devrait davantage tenir compte de critères beaucoup plus larges que, par exemple ici, la simple matière synthétique du masque en question. Bien sûr, chaque détail compte, mais l'opposition politique ou scientifique n'est pas toujours constructive. Cet exemple anodin cache un malaise plus profond, qui frappe simultanément les mondes politiques et médicaux : l'univers des faits mis en avant compte davantage que le monde des valeurs véritables.

Il faut ici revenir aux travaux de Georges Canguilhem, et en particulier ses *Écrits sur la médecine*. Le philosophe-médecin y développe l'idée selon laquelle le pathologique n'est pas l'absence de normalité, mais une autre façon d'appréhender l'ensemble du corps, depuis les organes jusqu'aux fonctions. Cette vision d'un corps nietzschéen par-delà état normal (santé) et état anormal (maladie) déplace déjà le regard sur sa propre corporéité. La maladie est un autre comportement de l'organisme entier, un autre usage de ses organes.

Cela rejoint une idée sur la rythmicité et la sérialité de l'existence. En effet, être malade signifie vivre selon d'autres rythmes, à travers d'autres tempos. Un corps affaibli ou dégradé n'est pas à l'arrêt. Au contraire, il se réinvente et suit des allures différentes. Il entretient alors des relations nouvelles avec lui-même et avec le milieu extérieur.

Les rythmes constituent notre rapport au monde. Les tempos et allures nous permettent de nous désaccorder de soi, pour appréhender autrement la vie et le vivant.

Dans son séminaire au Collège de France, Roland Barthes interroge les conditions d'existence en société, et pose la question : *Comment vivre ensemble* ? Il décrit une vie collective compatible avec la liberté de chacun. Ce mode de vie s'appelle l'*idiorythmie*, où chaque citoyen vit selon son *rhuthmos*. Découvrir son rythme intime à soi permet de se détacher peu à peu des contraintes imposées par le monde social et professionnel, familial et collectif : « Ce que le pouvoir impose avant tout, c'est un rythme (de toutes choses : de vie, de temps, de pensée, de discours). La demande d'idiorythmie se fait toujours contre le pouvoir. [...]. Idiorythmie : protection du *rhuthmos*, c'est-à-dire du rythme souple, disponible, mobile [...]. *Rhuthmos* : c'est le rythme admettant un plus ou un moins, une imperfection, un supplément, un manque, un *idios* : ce qui n'entre pas dans la structure, ou y entrerait de force. Seul un sujet (*idios*) peut retarder le rythme, c'est-à-dire l'accomplir. »

La maladie et la santé, ce sont des rythmes différents ; la vie intime et l'existence sociale, ce sont des cadences opposées ; le choix individuel et la contrainte collective, ce sont des tempos variables.

Toute mise en relation nouvelle crée de la disturbance, dysrythmie ou hétérorythmie. Les rythmes ne sont pas faits pour être identiques tout le temps. La coprésence de rythmes différents produit un dérivatif, car chaque cadence est singulière. Le rythme d'une existence doit s'adapter à l'ensemble ou trouver sa propre variation.

Le *rhuthmos* singulier est un flux original de vie, sans mètre ni mesure, qui s'accorde, par une affinité provisoire, pour une durée momentanée, avec un autre rythme.

Personne ne marche du même pas. Il n'y a pas d'identité stricte d'un rythme à l'autre. On le voit aussi avec les animaux : chaque chat, animal familier bien connu de l'être humain, a sa propre vitesse, son style de déplacement, son allure unique.

La cadence est une variation à soi. Mais mettre en commun des subjectivités mouvantes produit un bouleversement de l'organisme des rythmes corporels ou de l'organisation des rythmes sociaux.

L'attention portée au différentiel de l'existence et à la pulsation singulière engage de nouvelles modalités de vie. Le rythme, la pulsation et le tempo permettent de réfléchir autrement la complexité des relations entre passivité et activité, entre rythmes choisis et rythmes imposés, entre épanouissement du corps et contraintes de la maladie. Vivre, c'est libérer du jeu rythmique et de la souplesse dans le tempo.

Les activités de la vie humaine, intimes ou collectives, se décalquent en variation métonymique et polysémique. Notre authenticité se pense en perspectives sur le monde, incarnées parfois en un mouvement vif et rapide, parfois avec une cadence plus lente, et toujours par des détours intimes et des vitesses singulières. Une vie n'est jamais programmée. L'existence se vit à travers des expériences bouleversantes, faites d'inattendu et de surprise.

Après le virus

Après le virus, que retenir de cette situation hors du commun que la société traverse et vit conjointement ?

Notre regard sur le monde et sur nous-mêmes change. Il y a une nouvelle éthique qui émerge de cette expérience commune. Notamment l'idée forte que tous les domaines de la société sont concernés par l'événement médical et par la crise sanitaire. Également la perception commune que cet événement mondial est à la fois une crise sociale, politique, culturelle et morale.

D'autres conséquences sont à retenir de l'épisode coronavirus : d'abord, il ne faut plus voir simplement la guérison comme l'envers de la maladie. Nous faisons une erreur grave lorsque nous pensons qu'après la perturbation d'un système immunitaire, il y a le retour à la normal, à l'état initial. Non, la thérapeutique ne conduit pas à la restauration d'un état. Au contraire, elle produit un agencement nouveau, un déplacement, une autre reconstruction du système.

Selon le penseur Georges Canguilhem, toute société participe du regard clinique et thérapeutique. Et d'ailleurs, la médecine n'est pas une science abstraite, la pathologie n'est pas un regard objectif sur le réel. « Il est médicalement incorrect de parler d'organes malades, de tissus malades, de cellules malades », écrit-il dans son célèbre essai *Le normal et le pathologique*. D'après ce penseur, « pour tout vivant, il n'y a de maladie que du tout organique ».

Canguilhem défend aussi l'idée d'une pathologie des relations, contre l'idée d'une pathologie localisée. Il met l'accent sur le lien entre la cellule et le milieu sanguin ou le système nerveux. Si l'on adapte cette idée au coronavirus, on peut aborder la pandémie de Covid-19 comme expérience médicale et sociale, qui oblige à repenser notre manière de vivre, notre façon d'appréhender l'existence, à partir de la maladie vécue comme un bouleversement de nos modes de vivre, de parler, de manger.

Le coronavirus a conduit à repenser la place de la maladie dans la société : non plus hors de la société ou à côté de la société, mais en son cœur. La maladie, souvent mise à l'écart du vivant, n'est pas l'inverse de la société ou de la vie en société. Au contraire, il nous faut vivre avec la maladie, et repenser tout notre tissu social à partir d'elle. Telle est la principale leçon du Covid-19.

Une maladie collective et infectieuse comme le Covid amène à penser autrement les phénomènes d'apparition, de diffusion et d'extinction. La maladie est d'abord et avant tout un phénomène naturel et humain qui s'associe aux rapports sociaux et aux populations affectées.

Le médecin ne peut plus voir la maladie comme un état d'exception, il doit s'intéresser aux raisons de sa distribution géographique et historique, culturelle et politique. Il faut donc apporter une autre politique des soins, moins doctrinale et académique, plus diffuse et répartie dans l'ensemble de la société, sans être pour autant une biopolitique de contrôle et de surveillance.

En effet, la lutte collective contre le Covid, avec des mesures sanitaires d'hygiène publique, participe comme aspect déterminant de l'évolution de la maladie, comme structure de la modification des symptômes. Les moyens de lutte sanitaire provoquent des effets sur la maladie. Par exemple, la pratique généralisée des vaccinations peut avoir pour conséquence l'apparition d'une nouvelle variété de microbes plus résistants aux vaccins. Ce que Canguilhem appelle « une interversion de finalité » : dans les sociétés industrielles à haute technicité de protection sanitaire, la multiplication des actes médicaux peut accroître le risque de multiplication des défaillances du système biologique interne de résistance aux maladies. Il n'est rien dans l'environnement de l'homme, naturel ou artificiel, qui ne puisse être regardé comme une source de dangers pour tels ou tels hommes.

Variabilités et mutabilités, adaptabilités et disparition, puis réapparition, telles sont les formes les plus communes et banales, finalement, les plus ordinaires, mêmes de la pandémie. Médecine et société se rencontrent dans une nouvelle approche des maladies et des soins.

Il ne s'agit pas du tout de moraliser le politique et le médical, ce serait une faute socio-psychique grave. Au contraire, il faut associer la dimension socio-politique et le domaine médical à travers de nouvelles interactions.

Il y a une analyse historique et culturelle des maladies, qui ne doit pas se confondre pas avec le traitement des maladies elles-mêmes. Mais la formation des médecins et des soignants doit tenir compte davantage de cette perspective. Car la pathologie peut être l'effet indirect de situations sociales de stress et de détresse, pour l'individu comme pour le groupe.

Dans cette perspective, le système immunitaire, structure physique qui répond à l'agression d'antigènes par la production d'anticorps spécifiques, n'est pas une donnée seulement matérielle ou corporelle. Il est aussi bien social que psychique, culturel que mental.

Ce qui doit être placé au cœur du politique et du médical, c'est le signe de l'individualité biologique comme ensemble de rapports sociaux et culturels face à la maladie. Aujourd'hui, on ne peut plus dissocier l'existence d'une maladie avec l'allure de ses mutations, de ses rythmes, de ses variations. La maladie est également une structure souple, variable, contingente, sociale et historique.

Tenir compte des aspects non médicaux dans le traitement de la maladie ne résout pas tout, et comporte également des risques : notre société socio-politico-médicale de règlement de la vie des individus est centrée sur les précautions et les anticipations. Cette hyper-vigilance n'a pas empêché la pandémie de Covid et oblige à nous interroger sur nos critères économiques et politiques de prévention.

Désormais, la santé est l'affaire de tous, et pas seulement du malade. L'épidémie de Covid-19 montre bien que les dispositifs de santé (campagne de vaccination, masques à l'école ou au travail, prévention, test, confinement, informations sur la circulation du virus, campagne de sensibilisation...) ne concernent pas seulement le patient malade ou son entourage immédiat. La santé et la maladie sont devenues l'affaire de tous les citoyens. Chaque sujet politique est désormais concerné par le respect des devoirs que la collectivité met en place, au nom du bien de tous.

Nos sociétés modernes ont encore beaucoup à apprendre sur le regard à porter sur la maladie, dans une société de l'hyper-surveillance et de la bonne santé-à-tout-prix.

Tout au long de l'histoire de la médecine, les soignants ont toujours intégré les préjugés populaires d'effroi et de rejet, affichant une façade d'objectivité et de savoir radical. La tuberculose était un objet de terreur, la lèpre provoquait l'effroi, la peste faisait fuir des populations entières. Nommer une maladie, et vous aviez déjà une aggravation des symptômes.

Dans la société humaine, être malade a toujours été synonyme d'exclusion sociale et de rejet collectif, explique Michel Foucault dans l'ensemble de ses travaux, comme *Histoire de la folie à l'âge classique*, *Le pouvoir psychiatrique*, *Les anormaux* ou *La vie des hommes infâmes* : le corps social est soumis aux contraintes disciplinaires et aux régimes de pouvoirs de contrôle et de surveillance.

La production de vérité psychiatrique, psychanalytique ou médicale engage des rapports juridiques, politiques et sociétaux. Le statut de malade engage un ensemble de droits et de devoirs dans l'espace social, qui contraignent et formatent l'individu.

Les méthodes de soin et de guérison, lorsqu'elles conduisent à des souffrances psychologiques ou des détresses personnelles, en forçant l'isolement par exemple, dans des conditions insalubres, augmentent fortement la maladie sur le plan psychique. Le stress est un facteur de violente aggravation pathologique, comme dans les cas des cancers ou des tumeurs.

Si certains malades ne parviennent pas à la guérison et renforcent la pathologie par l'angoisse, c'est que le corps est tout sauf un mécanisme que l'on répare. Il faut absolument modifier notre médecine. Il faut davantage encore tenir compte des situations de fragilité et de détresse, de fatigue et de nervosité, d'épuisement et de stress, qui causent nos maladies infectieuses.

De la fatigue chronique jusqu'à l'ulcère gastro-duodénal, il s'agit à chaque fois de maladies de l'adaptation. Notre société produit nos maladies. Nous nous créons nos affections. Et parce que les situations de détresse sont souvent des manifestations de blocage ou de fragilité au niveau des structures sociales ou des lieux de communication, le remède ne relève-t-il pas autant de la médecine que de la psychologie et de la sociologie ?

Notre détresse généralisée dans les sociétés post-capitalistes montre que les maladies humaines sont des drames psychiques et historiques, autant que des violences sociales et familiales. Comme le dit Georges Canguilhem, « les maladies sont les instruments de la vie par lesquels le vivant, lorsqu'il s'agit de l'homme, se voit contraint de s'avouer mortel ».

Redécouvrir notre fragilité fondamentale, au cœur de notre présence au monde, est la grande leçon du Covid. La vie est d'abord une existence singulière, vécue différemment par chacun d'entre nous. Sommes-tous concernés par le virus, sans être nécessairement personnellement atteint ou contaminé ? La réponse est oui.

Il y a une expression dont se sert Buffon, philosophe, biologiste et naturaliste du XVIIIe siècle, pour expliquer le tourbillon de la vie, comme dans la chanson de Serge Rezvani, ritournelle du film *Jules et Jim* de François Truffaut. Avec le terme de « moule intérieur », Buffon explique à la fois la constance et l'altération des êtres. Cette terminologie, qui touche toutes les figures de l'existence, le végétal comme l'animal, la fonction comme la forme, la maladie comme le tempérament, apporte un regard sur la logique immanente à la vie, préparée mais non déterminée.

À travers le bouleversement de l'existence et le tourbillon de vie, persiste une forme spécifique, qui permet à l'individu de vivre et de s'épanouir. Inspirons-nous encore aujourd'hui de Buffon, pour penser que notre vie est si précieuse, parce que fragile et éphémère. Cette dimension si inestimable et délicate, c'est ce qui fait tout le sel de la vie.

Conclusion

VIVRE AVEC LA CATASTROPHE

Jean de Patmos, ou saint Jean l'Évangéliste, auteur de l'Apocalypse, dernier livre du Nouveau Testament, commence son récit par le mot grec *Apokalupsis*, qui vient de *apo* (« loin de ») et *calupto* (« le voile »). Inconnu en grec classique, ce terme signifie « dévoilement » ou « révélation » et ne désigne pas du tout l'obscurcissement par la catastrophe.

On pourrait facilement croire que l'événement énigmatique et destructeur, qui manifeste la violence et plonge le monde vers sa fin, *recouvre* l'humanité d'un manteau nébuleux. Au contraire, par son urgence et sa précipitation, l'apocalypse *dévoile* qui nous sommes, rend clair ce qui est obscur, et fait connaître les secrets de la destinée du monde. Lorsque la crise arrive, l'humain est fixé, doit prendre les mesures qui s'imposent et ne peut jouer à faire semblant.

Écrit à la fin du Ier siècle, ce traité de christologie inspire en 1498 l'un des chefs-d'œuvre xylographiques (gravure sur bois) d'Albrecht Dürer, qui le fit aussitôt reconnaître comme un artiste hors pair, un artisan à l'immense talent. Sa série des quinze planches de l'Apocalypse, publiée en ouvrage dans une version allemande et une édition latine, constitue un trésor d'images riches en évocations surnaturelles.

La vision proposée à l'époque par l'artiste exerce encore sur nous une emprise particulière, alors que nous traversons une violente période de pandémie. Forte émotion dramatique, esprit imaginatif, poésie fantastique ou invention du merveilleux, comment passe-t-on de la symbolique chrétienne à la fantasmagorie apocalyptique ?

Une réponse vient de la plus célèbre des quinze gravures, *Les Quatre Cavaliers de l'Apocalypse*, où la puissance dynamique de Dürer atteint son point culminant : détresses, angoisses et attentes des malheurs accablent les hommes dans ce funèbre crépuscule du XVe siècle.

Dans leur chevauchée ténébreuse, les Quatre Cavaliers n'incarnent pas seulement la Guerre, la Famine, la Peste et la Mort, qui ravageaient la terre allemande. Ils représentent aussi une actualisation de la prophétie apocalyptique. Chacun vit dans la terreur de la fin proclamée du monde ; chacun interprète à sa façon, mais toujours comme autant de signes de l'approche des temps maudits, les calamités qui affectent les hommes et ravagent le monde. Dürer lui-même n'échappe pas à cette psychose, lui qui note dans son carnet : « J'ai vu une comète dans le ciel », persuadé d'avoir eu devant les yeux un avertissement céleste.

Avec la pandémie de Covid-19, avec la catastrophe environnementale, avec la destruction de la planète par une économie de surconsommation sans limites, avec les populismes qui ravagent encore et toujours les démocraties, sommes-nous aujourd'hui si éloignés de cette emprise, de cette fascination pour la menace qui s'approche, pour la fin toute prochaine ?

Mettons les compteurs à jour : à Washington, la très sérieuse *Doomsday Clock*, horloge conceptuelle du Jugement Dernier, créée en 1947 par des scientifiques de l'atome, indique symboliquement minuit comme moment de l'autodestruction de l'humanité. Depuis la pandémie de l'année 2020, il est, à cette horloge, « 23 h 58 et 20 secondes ». La *Doomsday Clock* nous dit que l'humanité est à 1 minute et 40 secondes de la fin du monde : avec cet avertissement, tous les désespoirs sont permis !

Avec le changement climatique, les menaces nucléaires en Iran et en Corée du Nord, les catastrophes récentes comme celle qui a frappé Fukushima, n'assiste-t-on pas à une résurgence de l'atmosphère apocalyptique des Temps modernes, à de nouveaux désirs de rédemption face aux menaces et aux catastrophes ?

Écologie et risque nucléaire, violence et terrorisme, faillite et perte des richesses humaines, montée tragique de la précarité et hyper-nationalisme, et maintenant la crise de Covid-19. L'histoire mondiale est ravagée par cette terreur contemporaine : nous vivons sous l'épée catastrophiste de Damoclès, qui nous renvoie chaque jour à notre terrible vulnérabilité.

Jules Verne, déjà, ne plonge-t-il pas ses héros dans les profondeurs abyssales, en pleine saison en enfer ? Moins connu que ses quatre romans classiques, *Les Enfants du capitaine Grant*, *Vingt mille lieues sous les mers*, *L'Île mystérieuse* et *Le Sphinx des glaces*, son aventure *Rob le Conquérant* (1886) n'en est pas moins un « voyage extraordinaire ». Le périple commence par une angoissante trompette de Jéricho, qui résonne en pleine nuit, dans le ciel, à la verticale du lac Ontario et du lac Érié. Mêlant Poe, Baudelaire ou Melville, ce récit fantastique plonge le lecteur dans une leçon d'abîmes.

Aujourd'hui, cependant, la pandémie de Covid nous frappe à un point tel que la catastrophe dévastant toute la planète est non seulement pensable, mais tout à fait possible, puisqu'elle est notre réalité. Comme si l'homme, à force de la craindre, s'était donné les moyens techniques de l'Apocalypse.

Ce tableau terrible d'un monde ravagé et au bord de la destruction est aussi au cœur de bon nombre de représentations qui renvoient à la sérialité du *serial virus*.

Cette sérialité des virus infernaux est aussi le thème de séries en streaming. On peut les télécharger sur les plateformes de vidéos à la demande, diffusées pendant l'année 2020 : *Le Fléau*, *Social Distance*, *Pandémie*, *Épidémie*, *Dopesick* ou *V-Wars* sont des séries qui exposent l'esthétique moderne du tourment, la sombre dramaturgie de la fin des temps, la vision médusante de la destruction, fixée en mémoires transhumaines et refrains prophétiques.

Le virus apocalyptique frappe par un dévoilement terrifiant de fin du monde. La planète, désespérée, lance un dernier appel à l'humanité, pour un dernier embarquement vers les ténèbres. Que signifie donc ce virus : fin de l'histoire ? Fin du monde ? Fin du récit ? Oui, le prophétisme semble encore avoir de beaux jours devant lui.

La petite rengaine de fin des temps comme le grand air des cataclysmes ne sont pas près de disparaître.

Dans l'histoire de l'humanité, pendant des siècles et partout sur la planète, la maladie est signe de malédiction et punition, infligée par une divinité ou un pouvoir surnaturel.

Dans l'Ancien Testament (*Lévitique*, chapitres 13 et 14), la lèpre est dénoncée comme une impureté inhumaine, et les lépreux sont rejetés hors de la communauté. En Grèce, les premières cures thérapeutiques sont mêlées aux théologies et aux divinités. Le virus doit d'abord être traité par des prêtres religieux : Asklépios, fils d'Apollon, est le dieu guérisseur, et ses prêtres sont les médecins.

Dans les temples de l'antiquité, les patients reçoivent un traitement spirituel autant que corporel : les rites et usages guérisseurs utilisent des références à la nature et à l'animalité. Le serpent et le coq sont les emblèmes et symboles de soin.

D'un point de vue spirituel et sacré, la maladie et le cataclysme sont associés dans les traditions orales ou écrites, parmi les cultures les plus variées d'Orient et d'Occident.

Le mythe du déchaînement des mers, par exemple, où la tempête des océans viendrait recouvrir les surfaces du globe, et plonger la terre sous les eaux, est présent dans de multiples narrations. La Genèse de la Bible, les textes sacrés de l'Inde, les sagas d'Islande, le mythe grec de Deucalion, les contes anciens de Chine, les traditions d'Océanie et les légendes d'Afrique et d'Amérique, évoquent l'anéantissement par un cataclysme maritime. Les récits sumériens, akkadiens et assyro-babyloniens précisent aussi cette destruction du monde par les eaux.

Face au cataclysme, le mythe déploie différents héros. Le poème assyrien de l'*Épopée de Gilgamesh* raconte qu'Outnapichtim reçoit du dieu Éa le projet de construire un navire marin, pour y réunir sa famille et une partie suffisamment représentative de la faune et de la flore. On y retrouve déjà la figure de Noé dans la Bible.

Entre le récit biblique et le poème babylonien, plusieurs détails varient : la durée du Déluge (un an et dix jours selon l'un, cent-un jours selon l'autre), l'oiseau annonciateur de la terre retrouvée après l'inondation (une hirondelle renseigne Outnapichtim, une colombe guide Noé en lui rapportant un rameau d'olivier). Après la catastrophe universelle, l'après-crise existe. L'espoir renaît : la découverte d'une montagne, hors des eaux, annonce le retour à la vie normale, en harmonie avec la nature et l'installation sur une terre enfin apaisée. Dans les textes sacrés, la sortie de la catastrophe est incarnée par l'arc-en-ciel, symbole de la paix retrouvée, après la tempête.

La planète, l'environnement, dans les écritures religieuses comme dans les récits sur l'apparition de la nature, fonctionnent-ils par avertissements envoyés aux humains ou signaux de détresse ?

Dès les premières formulations des traités de médecine, à l'époque du serment indien du Charaka Samhita, au premier millénaire avant Jésus-Christ, ou du serment d'Hippocrate, au IVe siècle avant Jésus-Christ, l'idée d'épidémie est synonyme de contagion générale. La figure du virus est déjà présente, qui touche un peuple entier et simultanément.

Envisagée du point de vue théologique (punition divine ou péché originel), biologique (phénomène lié à la nature et à l'environnement) ou social (complexe pathogène d'une chaîne socio-épidémique), la maladie concerne le conflit des humeurs. La maladie épidémique et virale renvoie à la discorde des fluides (sang, pituite, bile jaune, bile noire).

Aux époques antiques et modernes, les questions sans réponse sur le traitement des virus sont encore nombreuses : d'où viennent les épidémies ? Quelle est la nature des fléaux ? Difficile de séparer alors le théologique du médical.

Pendant des siècles, l'histoire humaine a été marquée par les invasions virales : la première grande pandémie de peste bubonique se déclare à l'époque de Justinien, à Constantinople, à partir de 542. Pendant deux siècles, la pandémie ravage l'Empire byzantin. La deuxième pandémie de peste noire apparaît en 1346. Elle envahit toute l'Europe et tue 25 millions de victimes entre 1348 et 1352. Une troisième grande pandémie fut celle du choléra au XIXe siècle, à partir de 1852, en Inde, en Russie puis en Europe, où elle fit des millions de morts.

De son côté, le typhus apparaît dans le sillage des guerres médiévales. Face à l'épidémie de peste qui sévit en 1545, le médecin Hieronymus Fracastorius analyse les semences de contagion et développe une première théorie des germes de transmission. À la même époque, Ambroise Paré donne un rôle premier aux effluves nocifs, qui imprègnent hommes et matières. Peu à peu, la médecine regarde la maladie comme un phénomène socio-bactériologique.

La notion d'agent de morbidité fait son chemin dans les milieux médicaux comme facteur de transmission : le typhus est lié à la misère et à la pauvreté des classes populaires, la disette des mendiants constitue un foyer infectieux de parasites, poux et puces, pour la population qui les fréquente. Les rats sont aussi des animaux bien connus comme porteurs de maladies.

À partir de 1650, chez les philosophes Gassendi, Locke ou Bossuet, et chez les médecins D. Duncan ou G. E. Stahl, le corps humain est vu comme un instrument vivant. Des agents organiques travaillent à la constitution matérielle du corps, et luttent contre sa décomposition.

Deux siècles plus tard, Claude Bernard revient sur cet attrait pour la force d'ordonnance du corps : « Les philosophes médecins et naturalistes ont été frappés de cette tendance de l'être organisé à se rétablir dans sa forme et à prouver ainsi son unité, son individualité morphologique. » (*Leçons sur les phénomènes de la vie communs aux animaux et aux végétaux*, 1ère leçon, 1878.) Cette même année, 1878, c'est celle où le médecin Charles Sédillot invente le mot « microbe » et où Pasteur utilise le terme de « germe » pour sa communication à l'Académie de médecine sur *La théorie des germes et ses applications à la médecine et à la chirurgie*.

Aujourd'hui, avant la pandémie de Covid-19, il faut se souvenir de l'épidémie de grippe espagnole en 1918-1919, des centaines de morts sans cercueils, et des 20 millions de victimes de cette épidémie. Avec le Covid-19, toutes ces questions historiques et médicales reviennent. Les citoyens s'intéressent également, en prenant conscience des risques et des limites, des politiques sanitaires mises en œuvre, face aux phénomènes d'infection et de contagion. Les réseaux sociaux jouent un rôle d'information autant que de désinformation dans ce domaine, à cause des propagandes populistes et dangereuses qui y circulent.

En 2020 et 2021, face au Covid-19, l'impatience de guérison et la quête de solution immédiate provoquent dans l'instant une frénésie pharmacologique, liée à l'angoisse psychique, qui s'avère également dangereuse à moyen terme.

Nous l'avons vu tout au long de cette analyse, la médecine agit sur les corps individuels et sur les groupes collectifs. La santé est une question liée à l'organisation des collectivités, au projet des sociétés, à la situation de la démocratie au sein des nations. De l'organe et de l'organisme, à l'organisation, il n'y a qu'un pas.

Dans ses études de formation comme dans sa pratique de consultations, le médecin interagit entre processus de socialité et effets de thérapie devant les pathologies. Dans le contexte actuel, où la fabrication industrielle des vaccins est un enjeu politique mondial, la médecine concerne au premier plan la biosécurité de la société et de la population. Plus que jamais, aujourd'hui, nous prenons conscience que la médecine est un espace de construction du social et du médical mêlés.

La maladie n'est pas seulement un phénomène biologique ou une infection naturelle, c'est avant tout un rapport au corps, au politique, au social, au culturel et à l'éthique. Nous vivons avec une identité biologique aussi puissante idéologiquement et dangereuse, si elle est manipulée, que l'identité nationale.

Au fil des siècles, le système médical est devenu peu à peu un appareil politique de gestion, de contrôle, de surveillance, comme l'ont bien montré les travaux de Michel Foucault. La santé n'est plus aujourd'hui « la vie dans le silence des organes », selon le mot du chirurgien René Leriche. La santé est devenue l'enjeu des sciences morales, sociales et politiques, comme le rappelle Jean Starobinski dans son *Histoire de la médecine* en 1963.

Il faut donc se montrer vigilant : le catastrophisme idéologique et le populisme sanitaire sont toujours un chiffon rouge que l'on brandit dans l'arène pour exciter le taureau. L'alarmisme sans mesure est dangereux, l'insouciance sans prudence est irresponsable. Telle est la leçon que nous devons retenir, aujourd'hui, de la pandémie de Covid-19.

TABLE DES MATIÈRES

DU MÊME AUTEUR

- *Penser l'émancipation, cinq entretiens avec Jacques Rancière*, éd. de l'Aube, 2022
- *Sur l'épaule des dieux, les arts d'Édouard Glissant*, éd. Les Impressions nouvelles, 2022
- *Édouard Glissant, déchiffrer le monde*, éd. Bayard, 2021
- *Les cinq secrets de James Bond*, éd. Max Milo, 2020
- *La crise de la joie*, avec Pierre Giorgini, éd. Bayard, 2020
- *Dialogue avec Alain Badiou sur l'art et sur Pierre Soulages*, éd. Cercle d'art, 2019
- *Panorama de la pensée d'aujourd'hui*, vol. 2, éd. Pocket, 2019
- *La tentation d'Eugénie*, avec Pierre Giorgini, éd. Bayard, 2018
- *Le jeu des ritournelles*, éd. Gallimard, 2017
- *Panorama de la pensée d'aujourd'hui*, vol. 1, éd. Pocket, 2016
- *Althusser et nous*, Presses universitaires de France, 2016
- *Édouard Glissant, penseur des archipels*, éd. Pocket, 2015
- *Commentaire des* Faux-monnayeurs *d'André Gide*, éd. Atlande, 2012
- *Les larmes musicales*, éd. William Blake & Co, 2012
- *Philippe Sollers, l'art du sublime*, éd. Pocket, 2012
- *Jean-Paul Sartre, une introduction*, éd. Pocket, 2011
- *Rythmes de l'homme, rythmes du monde*, avec Christian Doumet, éd. Hermann, 2010
- *Jacques Rancière, politique de l'esthétique*, avec Jérôme Game, éd. Archives contemporaines, 2009
- *Pensées pour le nouveau siècle*, éd. Fayard, 2008
- *Commentaire de* L'enfance d'un chef *de Jean-Paul Sartre*, éd. Gallimard, 2007

Conception graphique : David Rault (www.davidrault.com)

Caractères utilisés :
corps de texte en Maiola de Veronika Burian,
titres en Futura de Paul Renner.

Achevé d'imprimer en avril 2022
sur les presses de l'imprimerie PBtisk,
en Union Européenne
pour le compte d'ADVERBUM
sur papier Munken Cream 80 g pour les pages intérieures
et Rives Tradition Pale Cream 250 g pour la couverture.
Dépôt légal : avril 2022.